U0089296

古典文獻研究輯刊

三六編

潘美月・杜潔祥 主編

第40冊

散見宋金元墓誌地券輯錄五編

周　峰　著

國家圖書館出版品預行編目資料

散見宋金元墓誌地券輯錄五編／周峰 著 -- 初版 -- 新北市：
花木蘭文化事業有限公司，2023〔民112〕
目 6+182 面；19×26 公分
（古典文獻研究輯刊 三六編；第 40 冊）
ISBN 978-626-344-298-6（精裝）
1.CST：喪葬習俗 2.CST：中國
011.08   111022065

ISBN-978-626-344-298-6

古典文獻研究輯刊
三六編　第四十冊　　　　　　　　ISBN：978-626-344-298-6

散見宋金元墓誌地券輯錄五編

作　　　者　周峰
主　　　編　潘美月、杜潔祥
總 編 輯　杜潔祥
副總編輯　楊嘉樂
編輯主任　許郁翎
編　　　輯　張雅淋、潘玟靜　美術編輯　陳逸婷
出　　　版　花木蘭文化事業有限公司
發 行 人　高小娟
聯絡地址　235 新北市中和區中安街七二號十三樓
　　　　　　電話：02-2923-1455／傳真：02-2923-1452
網　　　址　http://www.huamulan.tw 信箱 service@huamulans.com
印　　　刷　普羅文化出版廣告事業
初　　　版　2023 年 3 月
定　　　價　三六編 52 冊（精裝）新台幣 140,000 元　　版權所有 · 請勿翻印

散見宋金元墓誌地券輯錄五編

周峰 著

作者簡介

周峰，男，漢族，1972 年生，河北省安新縣人。中國社會科學院民族學與人類學研究所研究員，歷史學博士，博士生導師。主要從事遼金史、西夏學的研究。出版《完顏亮評傳》《21 世紀遼金史論著目錄（2001～2010 年）》《西夏文〈亥年新法・第三〉譯釋與研究》《奚族史略》《遼金史論稿》《五代遼宋西夏金邊政史》《貞珉千秋──散佚遼宋金元墓誌輯錄》《談金：他們的金朝》等著作 21 部（含合著），發表論文 100 餘篇。

提　　要

　　本書為《散見宋金元墓誌地券輯錄》的第五編，共收錄宋金元三代的墓誌、地券 100 種，其中宋代 39 種，金代 12 種，元代 49 種。每種墓誌地券內容包括兩部分：拓本或照片、錄文。拓本及照片絕大部分來源於網路，大部分沒有公開發表過。墓主大部分為不見經傳的普通百姓，為我們瞭解宋金元時期民眾的生活提供了第一手的寶貴資料。

目

次

凡　例

一、本書所收宋金元三代的墓誌、地券的拓本及照片絕大部分來源於網路，
　　大部分沒有公開發表過。

二、本書內容包括墓誌地券拓本或照片、墓誌地券錄文。

三、所收墓誌地券皆另行命名，以避免原題繁瑣缺名的情況。墓誌地券原題
　　皆在錄文中出現。

四、錄文采用通行繁體字，對於字庫中有的繁體字異體字徑直採用，字庫中
　　沒有的繁體字異體字則不再另行造字，徑用通行繁體字。墓誌中現在通
　　行的簡體字徑用原字。個別俗字一律改為正體。筆劃上略有增減的別字
　　一律改為正體。

五、原字不全，但能辨明者，在該字外加框。殘缺不識者，用缺字符號□代
　　替。錄文每行後用分行符號／表示換行，文尾不再用分行符號。

六、墓誌地券原來的行文格式不再保留，徑用現行文章體例。

七、墓誌地券排列順序以墓主卒葬日或刻石日前後為序。

散見宋金元墓誌地券輯錄五編

一、宋徐老耶墓誌　開寶四年（971）二月十二日

洛京南街一百步已南，雷太保宅內賃舍居／住徐老耶、老孃，其有老耶本是曹州人事。在彼／充河南府受事。扵開寶四年二月六日身亡，至十二／日，殯在州東建春門外李知溫地內。在東南上方四／買地，價錢柒伯文。其營墓去地主二里已／来，格壁是胡餅張家祖營。是老孃姪儿，兄弟／三箇身姓張，會解胡餅業，經紀其有。老耶、老孃並無兒孫所有，老孃生長在上陽門頭。／

其□鐫出老耶、老孃二名記。

治京南舊約一百步已南實太保宅內住貫舍第
住係老耶老孃其有老耶本身賣州人事在他
究河甫府受事於開寶四年二月六日身亡至十三
日須在州東建春門外李知巡地內在東南方
四買地價錢未佃文其熱哈墓去地主三里已
來格碧具胡餅張家祖營具老孃婭見兄弟
三簡身姓張會解朝餅菜經紀其有老耶老
孃並無兒孫所有老孃生長在上陽門頭

其身鑄此老耶老孃公記

二、宋樊銳墓誌　天聖元年（1023）二月二十六日

誌蓋篆書三行：宋故勅攝／華州長史／樊公墓誌

大宋故勅補華州攝長史樊公墓誌銘并序／

太華山人張絳撰。／

河間進士劉詠書。／

公諱銳，字仲穎，上黨人。其先周宣王封仲山甫於樊，因命氏焉。前世奇傑，衆難／俻舉；三代隱晦；略而不書。公年甫志學，即氣性倜儻，鳳儀魁岸。雖貧且孤，／偉如也。嘗歎曰：「大丈夫不能富國則當肥家，不臣於／王者則臣於諸侯，亦可以適時行己也。」自是委質藩帥，盡瘁公家。年踰半生，序／遷劇職。公再偶天水趙氏，即祥符中三司副使今西京判府大諫歸妹也。／時錢穀惣已勾稽，當權以非便。上言，特勅授夲州攝長史。老驥伏櫪，／勞逸雖均，白雲歸山，卷舒自適。公剛於獨斷，敏於先見。運心計而家用足，／故良田美宅歲增郡賦；闢義路而休聲格，故文人術士日充賓館。出奮列駟，入／飫方丈。昆弟翼于外，僕妾奉于內。青衫散秩，悠悠我心。從茲卷懷，以樂／開泰。公早失怙恃，思報覆育，竭力營葬，冥報有符。始祥符壬子年夏五月／由晝寢無疾而卒，冥寞間覩宮殿迴合，朱紫儼雅，列坐如朝廷禮。引謂／公曰：「大命當絕，以爾純孝，復延十年。」公詰侍者為誰，曰：「司命十補闕爾。」既謝／而退，居半日復生。其後祭有靈，禱必應。若非服勤奉先，何儲異章，感如是哉！至／天禧辛酉歲，往往不樂曰：「已矣夫，吾其有歸。」或論交親，託以後事。及秋九月／四日，如期以疾終于家，享年六十六。噫！為善果能延壽，為惡可不奪籌乎！或云／冥數大定，非勸戒之道。鄉人神其事，有改過修德者。以天聖元年歲次癸亥二／月二十六日庚申，歸全于渭南縣石泉鄉五青里，禮也。始娶鄭氏，生三女，先／公而卒。長適前興元府城固縣尉王光懿；次適麻晟；次適學究龐永，未幾早世。／今繼室華宗宣美，令範字孤，主祭送終，禮無違者。生二子一女。長曰仲素，奇表／和氣，漸得父風，雅識清才，將為國用；次小字奴奴，苗而不秀，齠亂而殤。女適進／士潘若水，故名儒籍之子也。仲素以先遠有期，茂實恐墜，伏膺鄉校，銜恤請銘。／銘曰：／

中華之人，太平之身。既明且幹，曰孝與仁。／始探妙於釋老，終洞幽於鬼神。壽幾縱歆非為夭，／家僅累萬不為貧。嗣氣義者令子，託孤嫠者奧親。

／三屍樂兮五福謝，九原作兮一丘新。露瀼瀼兮宿草瞑，／風蕭蕭兮白楊春。嗚呼自古皆有死，孰若放志於没世，／垂裕於青珉。

　　廣文館進士鞏漢卿篆蓋，雲臺觀道士姚文玉刊。

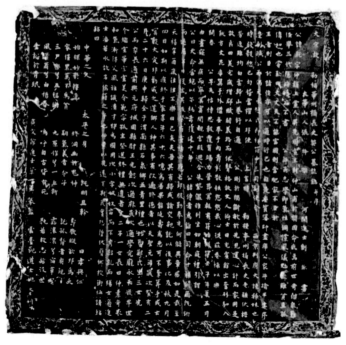

三、宋孫氏墓誌　慶曆七年（1047）二月十五日

樂安郡孫氏扵康之二／年太歲辛巳二月二十／九日傾逝。生子二人：若／則、若弼。慶曆七年歲次／丁亥二月丙午朔十五日，祔葬扵此，／故記耳。

四、宋范釴墓誌　皇祐四年（1052）十二月一日

宋故河內范府君 / 諱釴，以明道二年 / 九月十三日寢疾 / 終京師。皇祐 / 四年十二月朔，姪純 / 誠奉府君之喪， / 歸葬于河南縣萬 / 安山之陽。

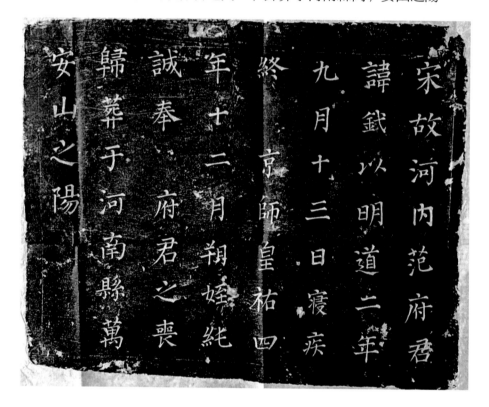

五、宋楊畋墓誌　嘉祐七年（1062）七月十六日

宋故龍圖閣直學士、朝奉郎、尚書吏部貟外郎兼侍讀、知諫院兼提舉萬壽觀公事、輕車都尉、賜紫金魚袋、贈右諫議大夫楊公墓／誌銘并序／

朝奉郎、行右正言、同判司農寺、騎都尉王陶撰。／

三司度支判官、朝奉郎、尚書刑部貟外郎、充集賢校理、上騎都尉、賜緋魚袋宋敏求書。／

朝奉郎、尚書祠部貟外郎、判尚書考功、上騎都尉、賜緋魚袋李壽朋篆蓋。／

公諱畋，字樂道，姓楊氏，其先麟州新秦人。伯曾祖雲州觀察使業，曾祖保靜軍節度使重勳，伯祖莫州防禦使延昭。忠勇功烈，著在／國史。公生將家，獨力學業儒，以行道為志。為人剛直清介，廉讓謙退，而才兼文武，杜正獻公深賢之。舉進士及第，授校書郎，知并州／録事叅軍，再遷至大理寺丞，知岳州。慶曆三年，湖南徭人唐和等數千依山為盜，劫掠州縣，民大擾。以公為殿中丞，提點荆路刑獄，／专治賊事。公至部，鐍署門，馳山下，講兵丁，召募材勇。親與士卒同衣食寢處，均任寒暑飢渴之勞，尤自刻苦。徭人巢穴山巖之巔，／上下鳥道，慓捷如猱狖。飛長鏢，蹴勁弩，不虛發。南方久不識兵，人脆弱，鬥志未一。公每與賊遇，慨然先登，不顧死所重輕，一切致命。／专以忠義至誠感激之，人人自為用，畢奮死力，斬馘相繼。明年，戰孤漿峒，前軍却，大軍悉潰。公跆高巖之下，溪水淺草薦藉，得不死。／越二年，平六峒，以功遷太常博士，賜緋魚。未幾，大將胡元失節度，兵敗戰死，公自劾移知太平州。初共事者短公，言山徭可不討而／定。朝廷命使安撫，招徠其間，故兵不畢力，而賊得計。公來太平歲餘，賊益肆。御史按視還奏曰：「徭賊非楊某不能平。」七年，換／東染院使，充荆湖南路兵馬鈐轄。議者謂公左遷失職，勢難辦賊，其必辭。公得詔，翌日引道抵山下。賊聞，恐懼不敢出，陰挈其屬踰嶺／而南。俄奉詔赴韶、連招安，公約賊，使出峒，授田為民。轉運使要虛功，但授官與賫，納質使還，所棲如故。公獨奏山徭攻劫湖廣七年，／殺戮萬人，今殘党尚千餘，飽賫糧據峒穴，其勢不久必復亂。明年春，賊復出陽山，焚劫嶺外。公得報，即越所部討擊，涉夏秋十五戰／滅賊。公亦被瘴癘，瞑臥垂死，輿歸湖南。當此之時，天下之人，識與不識，莫不咨嗟詠歌，稱道其賢，想見其形容。皇祐元年，以蠻事平，／顧還舊官，改屯田貟外郎、直史館、知

隋州。用宰相薦，召還，賜三品服，為三司戶部判官。奉使河東，遭父喪。廣源州蠻儂智高陷邕州，／朝廷遣中使即廬次召起，辭不得已，素服止都門日，再表乞終喪，不報。上特賜以御巾朝服，促見。公入對，又固辭。／上慰遣甚厚，授起居舍人、知諫院、廣南東西路經制賊盜。公扶病冒暑疾馳，至韶州，賊已屠十餘郡，大將張忠戰歿，官軍氣奪，望賊／不戰輒北，湖湘大振恐，賊大掠廣州而還，勢將踰嶺。公初至，無兵城以戰禦，謀保大庾，據險以備。前此，裨將蔣偕以屢敗，數狂悖懼／誅，輒先事譖毀，再降為太常博士、直史館、知鄂州。嘉祐元年，自河東轉運使入為戶部副使，轉吏部員外郎。三年，拜天章閣待制兼／侍讀。謝日奏曰：「臣昔不能殭裂荒徼，今侍帷幄，豈敢復愛死，不盡愚忠，負厚恩。雖陛下神靈後天地，然久虛朝夕問安之禮，其／何以慰天下無疆之望。願出聖斷，擇宗室最親最賢者侍膳嘗藥，塞絕姦僭，則宗廟社稷大幸。」是冬，河以北地大震。明年，日食／正月朔。公上疏：「漢成帝時，日食地震。哀平之世，嫡嗣屢絕。此天意以戒陛下，願急擇親賢以答天戒。」公之忠亮憂國，自任如／此。五年，除知制誥，改龍圖閣直學士，知諫院。數月，公病矣，然章疏疊疊，持正不阿，風節益厲。嘉祐七年四月二十六日卒，享年五十／六。娶陶氏，繼室曾氏，封安定郡君。一男曰祖仁，生八月矣。女適郊社齋郎蘇覯。覯奉公喪，以七月十六日葬河南洛陽杜澤源，祔陶／夫人之墓。祖光辰，供奉官，贈左驍衛將軍。父琪，供備庫副使，贈左武衛將軍。母慕容氏，追封安定郡太君。李氏以公讓官，封延安郡／太君。公為吏奉法，小心謹畏，循繩墨，不敢失毫釐。夙夜自檢，常若不及。及當官，爭辨公家是非利害不屈撓。位執立朝，議論剛正不／回。用兵行陣間，奮決必死，落落大節，雖古勇夫烈士不能過也。視屬部僚吏，溫溫如朋友，人人得盡其情。然姦貪承風畏縮，改心易／節不敢犯。每到官，周防隱括，約束詳密。初若不勝其煩，人憂其勞，謂不能久而不弛。及去之日，終始如一，衆然後歎其不可及。在山／下數年，每家問至，即焚之。月奉裁自給，餘盡以分吏士。鄂州之謫，嫌奉過客求譽，凡北來京師者一餔之，雖至親舊終不再。清約有／常，雖待監司，菜果數豆而已。天資好學不倦，平居，每夕輒夜漏太半乃寐。在戶部，案牘盈積，終日不休，至曛晚方拂書滌硯，然燭臨／書史，未嘗少懈。居供備喪廬墳所，日飯脫粟一器，無蔬酪之味。畏服禮法，非禮不言。與人交，有生死同休戚之義。好賢樂士，聞一善／言，終身敬其人。剛嚴自持，雖交親至厚，不敢開一言干以私。家無宿儲充如也，平生寒暑所衣，周身而已。楄架未嘗有餘制，

及死之／日，斂無新衣，貧至無以葬。豈古所謂執德信，道弘篤者歟！公之文章，尤工於詩，集其藁，得二十卷，藏於家。其卒之三日，上遣中／人持金二百兩賻其家屬。端午賜侍臣御書飛白扇，又特使置于靈座。明日，制贈右諫議大夫。嗚呼！天子思公之恩／亦至矣！其猶未足以慰吾士君子之悲者，豈非未究極公之志業歟！銘曰：／

文武異用，才難其并。有一不學，道有不行。優優楊公，治有餘施。有實有華，左右惟時。王命即戎，／不有其躬。以節殉艱，湖嶠卒空。入侍帝帷，憂國竭忠。侃侃嘉言，福我萬邦。功不充志，考德則備。／在於我者，沛然無愧。嵩洛之間，封阜纍纍。孰賢乎公，視銘可知。

王克明、閻永鐫。

六、宋王氏墓誌　治平二年（1065）五月一日

　　乳母王氏夲廬州合肥人也。／至道二年丙申八月四日生，／享年六十七。嘉祐七年壬寅／正月四日嬰疾，啓手足於／東都靖安坊之私第，權厝於／都城東法濟之佛舍。以治平／二年乙巳夏五月一日庚申，／祔葬于河南府洛陽縣平樂／鄉宣武村梓澤原祖塋之／別兆。男內殿崇班、閤門祗／候、勾當翰林司石宗尹謹誌／并書。玉册官王克明鐫。

七、宋張宏墓誌 治平四年（1067）五月十三日

大宋故推忠佐理功臣、正奉大夫、守工部尚書、上柱國、清河郡開國侯、食邑一千六百户、實食封二百户、賜紫金魚／袋、贈右僕射張公墓誌銘并序

朝奉郎、守太子中舍張宗誨撰。

進士傅望囬書并篆額。／

維治平四年春三月七日戊寅，工部尚書張公諱宏啓手足扵京師昭德里之私第，享壽六十三。／皇帝臨軒震悼，輟視朝一日。詔以右揆之印綬告于其第，賵贈之禮率過常等。旋以嗣子可久為廷尉評，／可道為奉常太祝，可度為奉常理禮郎，推□茂恩也。咸號血摧毁，用龜蓍之吉，以其年五月十三日，躬扶護／靈柩歸葬扵西都伊闕縣歸善鄉府下里之祖塋，以夫人之櫬合祔焉，從周禮也。公字臣卿，今為洛陽人。其／源出漢丞相留侯之後，東漢有司徒歆之弟協為衛尉，協子岱為太山太守，與袁紹、魏太祖首起義，師西向誅董／卓。晉宋而下，歷齊梁陳隋，逮于皇唐，皆軒冕相比，世出公相焉。皇任易州刺史、累贈太子少保諱玄，追封／會稽郡太夫人孔氏，大王父母也。皇任易州滿城令、累贈太子少傅諱持，追封洪農郡太夫人楊氏，王父母也。／皇任金州平利令、累贈太子太傅諱峭，追封中都郡太夫人魏氏，考妣也。皆以慈仁厚義，弼成政事。陰德及物，殊功／在人。雖昭報之報不顯扵當世，而焜耀之慶垂裕扵後昆。公即太傅第四子也。幼而精惠，長而寬博。所學必聖／人之道，所談必經濟之業。方及加冠，美聲□聞當時，名儒皆景重其風彩。太平興國二年，以進士御前擢上／第，釋褐，拜大匠丞，通理宣城郡，德業吏理為旁郡表率。朝廷陟明，四年，改太子中允，涖布德扵淮陽。歲中召廻，／直太史氏，錫五品服。明年，遷大著作、左拾遺。又一年，董麴税扵輦下，惣外計扵川下。尋為右補闕，知遂寧郡。又／明年，歷文昌、度支外郎。雍熙二年，改客曹郎，充史館修撰。是時，先皇帝方銳意扵治平，思淂奇士以助／聽斷。謂公為才，特拜樞密直學士，換三品服章。次年，領詔，出守成都府，中道驛使徵歸。闕拜諫大夫，貳樞／機之務。明年，上欲舉振舊綱，果用大臣。以傳重厥任，遂自宥密有專席之命，因為藉田儀仗使。端拱初，拜冬／官貳卿，褒號功臣，爵列男國，賜賦邑三百户，復貳機務。明年以改元例恩，進封開國伯，益食菜五百室。是年，換天官／小冢宰，主銓衡之任。四年，例恩，進封開國侯，增食邑三百户。俄理天府。至道元年，出牧上黨，嚴禋禮畢，䭵除文昌／右轄。三年，皇上以

成康之德，纘紹圖籙，恩及有位，拜起曺尚書。咸平元年，詔乘傳詣／闕，俄
制審官院、通進銀臺司，代給事中于門下省封璽書。明年，復因慶恩，益加五
百戶，真食二百室。居一歲，／天子以公衡□無欺，旌列秘當，再委流內銓，
方推擇才賢，抽叙俊彥，注意大用，時將必行。居無何，被病假告，達扵／九
重。尋詔中貴人押太醫至其第，于時公之疾已殆而氣少衰矣。王人復命，上再
詔醫官，使／趙自化診視脉息。及復南寢北之際，中貴人兩至，撫存孤幼。攢
塗之夕，又令中貴人監護其事。嗚呼！公之忠勤／既如彼，上之恩禮又如此。
而景命不融，遽歸泉壤，豈賦壽有限，將益熾其裔耶！君之刊彤，遥趨／紫闥，
則謚庄靜。恭以珩璜之德，軌範簪紱，及承顧問，糸密勿則，強毅沉亮。以匪
石之弼，違王度而周慎／畏密。動必由道，帷幄之策，多所前畫。異時嘗謂所
親曰：「凡順而臣者，在知無不為。夙夜匪懈，過則歸己，善則稱君。兹／乃
臣道之軏軔，士子之軌度矣。豈以一言一策求彰灼扵人口，以沽名為事業乎！」
禮有大言入受大利，蓋君人／者，汲善而忠，非人臣之所宜履也。每有疏奏，
多焚其草。故密謀大議，世不得聞焉。其臨大鎮，涖天府，則仁以恤善／良，
威以肅強暴，獄市不撓，吏不忍欺。公田我私，惠澤周洽。故刑不甚用，民謠
大興。其掌銓衡，居束拔之任。鑑品之下，／才無隱忒。夙秉清白，懷術業之
士，雖伶丁無依，孑然獨立，若朝在塵泥，昔已青雲。如被汙累昧官理者，雖
氣焰炎熾，／勢可熏灼，公亦恬然不顧，多以理遣。故預選掄者，仰公如蓍龜，
畏公如神明。其愛才舉善，公忠之量／又如此。故天下之士言朝涎賢公卿寬裕
而不黨者，必稱公焉。噫嘻！始以布衣文學干萬乘主，／中以淳仁沉畫受帷幄
寄，終以恪恭願直振大名扵時。立朝將三十年，歷官十五任，□旋閨闥，佐佑
／王室。大□夫，爵通侯，位三品，不為不遇矣。眾所惜者，才可以丹青神化，
致格天之業；道可以休福生民，躋仁壽之域。君子所以鳴指而興歎，□袂以泣
者也。夫人邊氏，故刑部尚書諱歸讜之女也。以公貴，累封至高平郡夫／人。
柔嘉有儀，閨門為範。舜華易落，先公七年而歿。女兄弟凡四人：一適故宮贊
陸君諱光珮；一適故太常丞赫君／諱願；一適韓氏。皆先公淪喪。一依浮啚教，
修出離行，號妙相大師，名義遷，賜紫方袍矣。女慶姐，尚艸。可久、可道、
／可度咸以幼年俱粹英氣，承公餘裕，建大名，成茂業，可翹足而俟矣。嗣子
以宗誨忝同年子弟之契，嘗出門下，／謂能熟公景行，泣狀遺烈，乞文以表墓。
遵命直書以俟陵谷，銘曰：／

　　猗歟！張公秉義，納忠抱嘉謀兮。靜專正直，有猷有則，心匪石兮。褌

化輔政，勳崇業茂，莫可京兮。／帷幄之機，喉舌之司，光倚注兮。頒條布令，滌瘼針病，騰謠詠兮。誠懸銓衡，惟允惟平，儲英聲兮。／吉禄方来，將正公台，命不淑兮。闕塞南，伊水西。隴樹瀟瀟，隴水淒淒。千秋萬年，佳城在斯。／

潯陽翟文顯并弟文翰刻字。

八、宋王仁墓誌　治平四年（1067）六月十五日

宋故江寧府左司理糸軍王君墓誌銘 /

君諱仁，字安壽，許昌長社人。曾祖諱崇□，/ 祖諱永錫，父諱仕成，許州助教。嘉祐 / 二年登進士第，補澤州高平主簿，歷台州、江寧 / 府司理糸軍。治平四季六月二日，終于官，/ 年四十八。娶程氏，先卒。一子一女，皆幼。/ 府尹紫微舍人臨川王公命掾屬主其喪，/ 昌其月辛酉葬于上元縣城北二里菜園 / □之原。從事張稚圭為之銘曰：/

後湖之前，北山之側。/ 嗚呼王君，於此安宅。/

南陽張稚定書，袁成刊。

九、宋劉兗墓誌　熙寧八年（1075）十月九日

宋故朝奉郎、尚書虞部貟外郎、上騎都尉、賜緋魚袋、贈駕部貟外郎劉君墓誌 /

宣德郎、守尚書屯田貟外郎、新差通判耀州軍州兼管內勸農事、騎都尉、借緋李寔撰。 /

朝奉郎、尚書虞部貟外郎、前通判楚州軍州兼管內勸農事、輕車都尉、賜緋魚袋嵇景章書。 /

承奉郎、守秘書省著作佐郎、新差知蔡州碻山縣事兼兵馬監押韓渥篆蓋。 /

君姓劉氏，諱兗，字希聖，洛陽人。唐武德功臣渝國公政會，君之十一代祖也。 / 而後貴顯，世有名臣。曾祖岳，後唐太常卿；祖溫叟，夲朝御史大夫；考炤，司 / 勳郎中，累贈工部侍郎。侍郎初娶范氏，未及封而卒。後娶趙氏，生君，追封仙 / 遊縣太君。君少謹厚，憙春秋學而恬于仕進。以侍郎廕，試將作監主簿。從父 / 龍圖閣直學士煇遺表，授君守主簿。後八遷至虞部貟外郎，階朝奉郎，勳上 / 騎都尉，賜緋衣魚袋。歷河陽臨江軍酒、黃州鹽倉、知潭州攸縣，移知歸州、通 / 判相州，復通判原州，未行。舉在京東排岸司。三司使田況復奏舉提舉江西銀 / 銅場，命未下而君以疾終，享年四十八，皇祐四年六月一日也。君娶 / 段氏，禮部尚書希堯之孫女，封壽昌縣君。生三男：曰唐弼，太子中舍，知眉州青 / 神縣；曰大年，試秘書省校書郎，守華陰縣主簿；曰唐彥，應進士舉。三女：長適進 / 士曹渥；次尚書虞部貟外郎嵇景章；次進士江楫。孫男二人：京、奭。女二人，皆幼。 / 君材長于治事，其在攸也，民夥事劇，視不數月，獄訟逮空，悍惡屏息。時境內大 / 旱，君出俸錢起龍潭廢祠以禱，即時大雨，歲以豐稔。民里以君誠感，皆歌 / 詠之。貴民甘僧者貧弱人也，偽造印，欲規所得以輸官負。君為上其狀， / 朝廷特貸其死。妖賊王則據甘陵，相人有欲為應者。君知之，密與州將謀，捕 / 斬以聞，詔書獎諭。其臨事明敏，大率類此。初是侍郎薨未久，太夫人亦卒， / 君尚幼，而從父龍圖公鞠于家。龍圖公薨，君遂為三年服。在孟州日，族人有 / 貧不能葬者，君至解官以歸，出力以成之，其篤于行義復如此。尚書職方郎 / 中穆珣狀君之行，以謂行事有義，從政有才，而官不大燿，不克究其所為，以 / 是為悲也。前葬一年，中舍君乃持以來告里人李寔求銘，寔未克辭。復來告曰： /「唐弼以熙

寧七年南郊恩，得贈先考駕部員外郎，封壽昌君爲太君。」未／幾，継来泣言曰：「唐弼罪釁，母氏年六十七，終于華陰之官舍。將遂以八年十／月初九日，奉考妣喪葬河南伊汭之尹樊里諸先塋之次。」其請已勤而哀，寔／遂按穆所次狀及所告而為之誌，乃系之銘曰：／

公相之貴，克艱厥継。抑継以德，不必以位。／嗚呼夫君，之嗣先世。位則弗逮，材則不媿。／君于何葬，亦南山址。祭其誰尸，君焉有子。

党從志鐫。

十、宋于氏家族墓誌　　熙寧八年（1075）十二月三日

于君開封人，父早卒。君之齒未壯，復失其母。／君感早亡其親，無意扵仕進。娶李氏，有子一人曰／昇，不仕。孫一人曰海。女一人，歸保州團練使、真定／府路總管武贄，封福昌郡君。君以顯德元季／卆扵／京師。子昇後君三十餘年，亦卒。李氏因其壻／總戎陝西，福昌君遂迎侍其母至長安。於治平二／季八月二十日壽終於官舍，享年八十一。君／之後益衰，為嗣者惟孫海，而復貧甚，不堪扵事。／自君之母已下，久未克葬，福昌君晚年屬以／葬事屬於其子。故君之外孫右侍禁抗、左侍／禁提舉馬綱程驛拱承其母氏之命，卜日／聖宋熙寧八季十二月三日舉君之父母及／君與李氏，至於子昇數器，買地以葬扵京地府萬／年縣鳳棲原長壽里。不侈不陋，取稱其宜。古人所／謂以其所以葬葬之者，此歟！君既為開封人，／加之自顯德距今七十餘季，既久而遠。故扵族係、／履行不能詳知，姑紀其略。少陵崔敷記。武德誠刻。

十一、宋趙文坦墓誌　熙寧八年（1075）十月九日

宋故天水趙君墓誌銘 /

窺然太極瞑矇，二儀啓於圓蓋。日月初昭，次分 / 朝夕；韶光復逝，四敘循環。瞻上清始元，道德如 / 歸，三才旣俻，人倫生死，事之常也。 / 君高祖諱安宗，祖諱守信，先祖諱宗。家世相承，潞之上黨人也。營自為古，後有重孫 / 去郝家莊以歸農業。高祖娶段氏，生一男守信。 / 娶宋氏，生孫男四人，女一人。長曰宗，次曰昌忠， / 曰用，少曰立。其子四人亡，女孔郎婦。長曰宗，娶 / 氏。生重孫男一人文坦，娶牛氏。生玄孫男二 / 人：長曰慶，娶崔氏；次曰吉，娶武氏。玄孫女許郎 / 婦。的孫兒翁喜、張住，的孫女蘇姐。 / 姑姪孝養之心義同，塟禮三祖於熙寧八年歲 / 次乙夘十月己丑朔九日丁酉，去村北二里自 / 己地內立營安至也。銘曰： /

人之為農，惰業而嚚。君之為農， / 樸力而勤。人之為子，傾產而窮。 / 君之為子，成家而豐，惟忠惟孝。

十二、宋劉玘墓誌　元豐二年（1079）十二月二日

　　宋故承務郎、守坊州司理糸軍劉府君墓誌銘／

　　朝奉郎、守尚書都官郎中、前知華州軍州兼管內勸農事及管勾／駐泊兵馬公事、護軍、賜緋魚袋、借紫崔度撰。

　　朝奉郎、守殿中丞、監耀州酒税務、騎都尉、賜緋魚袋張孝友書。／

　　府君諱玘，字子瑜，世為涇州人。自祖遷于開封，今復居長安。君少舉進／士不第。康定、寶元間，父嘗從軍西征，有饋餉之勞，不幸没于師。後庄敏／龐／公述父勞于朝廷，請禄其子，詔授君郊社齋郎。始年未及銓格，丞／相梁公適再奏，乃調同州部陽縣主簿，再選華州下邽縣尉、利州司户、桂／州興安縣尉、陝州閿鄉縣主簿、坊州司理。治平三年三月二十九日，以疾／卒于坊之官舍，享年四十五。君為人廉謹，以信義自持，是非不較，而黑／白致于智中。每與朋友笑談雝雝，固未嘗枉道進取，苟榮以合。居家孝友，／祖母、母皆垂白，雖家至貧，不失甘旨之奉。諸孤未嫁者，悉聘之以禮。故內／外稱其孝。方其在興安時，縣有漕渠，歲役民丁，牟蠹財力，邑人苦之。前董／役吏苐苟簡一切，恬不顧後日之患。至君主役事，乃尋究利弊，遂開故／道，作石堘以捍暴水，民到于今頼之。桂牧尚書余公靖雅知其材，稱譽表／薦，歊請守儋，君竟辭以毋差。坊州獄有兄弟殺人者，郡官不根其首惡，／皆歊論死。君原情執讞，一歸之正，吏議不能奪，卒平其冤獄者，銜惠而／圖其像。復有郡豪非辜被劾，點胥鉤致其罪，因緣為姦，久不能決。郡將一／委君按鞠，皆得其情而疎之。迨君之捐舘，来哭于庭。君涖官循法，／臨事推誠，使人愛思之，亦足謂之能吏，故屢為公卿薦引。嗚呼，惜其時命／不偶，終于小官。天之報施善人也，果如何哉！予知不在斯人而在其嗣／也。元豐二年十二月二日，葬于萬年縣洪固鄉神禾原。曾祖建中不仕，／祖祚任左班殿直，父棠任大理寺丞。君娶故國子博士水丘無忌之／次女，男三人：伯莊、伯雨、伯通。女一人，未出適。三子皆時敏篤學，嘗預鄉書／之薦。今伯莊舉曾祖而下洎君八喪，泣来請銘君墓。予於君爲／友壻，義不得辭。銘曰：／

　　德性内明，行義外充。仕躓于用，壽不及中。／天之施報，兹焉孰窮。君實有子，後當顯隆。

宋故承務郎守坊州司理參軍劉府君墓誌銘

朝奉郎守尚書都官郎中前知華州軍州兼管內勸農事飛管句

朝奉郎守殿中丞監耀州酒稅務騎都尉賜緋魚袋張君安書

公諱不譽字元問父當從軍西征祖贈于開封府復賜居長安師後莊敏舉進士

生興坊安公之第二子也再泰于陝州通判縣主簿再調同州郃陽縣主簿有詔授饌之封令復幸沒于利州司户交以黑疾桂

寺州坊州之興坊苟以孝笑談雍圖之樂明年四十五歲役民丁平役事乃力邑人之合以禮而交

祖母于海榮年雍圖之患王坊州之桂牧有乄弟段人平率于其父

白年至水民不恤于令之工吏君之議屢為公卿薦引而庭

道作像復冗守儒捍一切暴被鉤之微故君罪因奪為資父交引鳴

委歆其君誠使人受思之報施善人也果如何哉子娶故國子博士敏學曹預鄉不仕之

不偶終于小官天之棠任大理寺縣洪圖三子皆時敏莊學嗇書

臨事于豐二年十二月二日父發班直殿君一人未出道來請銘

祖父征伯莊伯通女一人君八喪泣君墓予於

也元今伯三人伯莊祖而下洎曾祖

次女蔦義不得舉曾祖伯而銘曰

之壻根性內明報

天德之施

行義外充

故為乾窮

君賢有子

後當顯隆

十三、宋彭素墓誌　元豐三年（1080）閏九月二十日

額隸書三行：宋饒州／長史彭／公墓銘

饒州長史彭公墓誌銘／

姪汝礪撰。／

眉陽蘇轍書。／

合肥馬玞題額。／

元豐己未春三月壬辰，叔父長史卒。汝礪既哭于位，語其孤汝弼等曰：「不惠，天不畀／祐于我家。既禍吾考，又逮吾仲父。惟仲父溫柔而立，恪慎克孝。凡我國人，罔不／聞知。嗚呼！惟我先皇祖逮先皇考肇自微陋，謨靖于厥家。惟仲父乃左乃右，乃／先乃後，是克用有成。若作宮室既堂矣，我乃構；若服田既菑矣，我則勤于穡。凡彭氏所以／有居有食，功則在仲父。我聞之，孝乎惟孝，友于兄弟，施扵有政，是亦為政。昔我仲／父居若不克，言若有所作，曰：『我不敢先，惟長者命，有所勞。』曰：『我不敢後，惟長者使以事。』／其上故能不比于皋戾以用，其下罔不率俾克有厥終，實茲惟始。嗚呼！我不作銘，則遺／德或泯，無以永厥辭于後。」汝弼等稽首再拜曰：「孤罪大，懼日僕滅，遂遏息前人光伯也。銘／豈惟屏蔽于在後之孤，凡我國人，亦用是自慰。」汝礪泣序曰：

仲父諱素，字子眞，世家／番陽，我皇祖第二子。少仕于郡舍，去得牟州長史。初娶孫氏，有淑德，一鄉稱為賢婦。／繼室谷氏。男五人：汝弼善學，嘗薦於鄉老；次汝賢、汝穀、汝言，各有立；如奭，尚幼。女四人，／二人未嫁。孫男二人，女三人。年六十一，元豐庚申季秋己酉，葬番陽縣義犬鄉花林岡，／孫氏右焉。銘曰：／

猗歟仲父，克孝克恭。其止顒顒，其言雍雍。／彼惟其躬，我亢我宗。彼惟其初，我有我終。／報奚其廉，論德則豐。尚有我文，以示無窮。

十四、宋劉公及夫人墓誌　元豐六年（1083）四月十九日

有宋故延州管內觀察 / 支使劉公并夫人之墓。

元豐六年四月十九日葬。 /

姪唐羲主葬， / 姪唐咨辦葬。

十五、宋張清墓誌　元祐二年（1087）三月十五日

宋故清河郡張君墓誌銘并序 /

君諱清，係北董村人事。祖公父家累世業，子孫無游惰，致其金穀之 / 積巨，富為一鄉之冠。子孫蓋慶族綿綿，流福之遠矣。祖諱誼，父諱榮。君先娶 / 王氏，生二男。大德俊，娶馮氏，生一男張善。二女：長王郎婦；小□羅。次 / 男德恭，娶王氏，長四女：闞郎婦；朱郎婦；李郎婦；小圪兜。德俊自齠 / 齔 / 之秊喪其父，賴母撫其子。德俊識高慮遠，矯然有自立之心。孳孳 / 治生僅數，皆是母之力也。君夫人王氏悉以宋政，亦無疑閒。夫人□今年 / 三月十五日因患身亡，今具葬礼，龜揆卜得當年十月七日，於此 / 地吉壤之營葬，儀礼也。乃作頌曰： /

樂生之死，人情之常。 / 惟公遠識，今俻葬藏。 / 營地之吉，揆辰之良。 / 窆棺而後，慶移隆昌。 /

張君生二男一女，其女娉侍王郎。君有弟七叔，夫人 / 王氏至元祐二年三月十五日身亡，今来葬礼。 /

進士王甫撰，鐫字人申再誠，木匠□李贍。

十六、宋水丘氏墓誌　元祐七年（1092）四月二十一日

宋故坊州司理叅軍劉府君夫人水丘氏墓誌銘 /

潁昌府臨潁縣令充京兆府府學教授車好賢撰。 /

階州將利縣令王振書。 /

右宣德郎、知京兆府奉天縣簽書兵馬司公事劉淮篆蓋。 /

夫人水丘氏以元祐七年春正月二十九日，卒于子雄州防禦推官、知邠州永 / 壽縣之官舍。是年夏四月二十一日，祔于京兆府萬年縣洪固鄉神禾原 / 司理之墓。夫人崇儀使、潮州刺史、知梓州、贈驍尉、上將軍隆之曾孫，右班 / 殿直、贈右領軍衛將軍渙然之孫，國子博士、通判憲州無忌之子。驍尉餘杭人， / 嘗仕吳越錢氏。既以其國歸于朝廷，遂徙于京兆之長安。夫人幼閑 / 女工，知聲音，讀書能言其義。親有疾既安，而後能寢食。博士異之，擇所配， / 遂歸 / 于司理。姑老矣，且逮事其祖姑，家貧供養闕，以其奩中物具甘。它姑姊 / 妹適多膏粱族，歲時寧其家，相矜以車服。夫人無珠璣笄珥之飾，於其間 / 如未嘗見聞者，宗族畏之。司理啓手足于坊州官舍，無所歸。夫人以其 / 喪還于京兆之長安，遂居焉。曰：「是衣冠所在，吾子且長，可以訓。求田，曰 / 無飢可矣；問舍，曰無暴可矣。」母氏將奪其守，曰：「死靡它矣。」遂不復 / 踰閾，誦佛書，訓諸 / 子學，里閭不敢望其門。三子皆有學有行，後進以為矜 / 式。其季伯通登進士弟， / 供養于官所。常廳事後自牖間窺所平決，或事失其 / 中，既問膳，必訓飭，使盡平 / 恕。劉氏之先，或旅殯于四方。夫人以勤儉治 / 其家，數年遂克葬三世之喪。 / 少多病，老且劇，嘗誘人以終事。或曰何以知 / 之，曰：「吾年踰七十死，吾順矣。生可 / 羨耶！」元祐辛未歲，舊疾動，歎 / 曰：「吾厄在壬申，今也病，命矣夫。」因自狀其始終，戒 / 子孫以忠孝。疾 / 病，諸子皆至。或欲還京兆就醫，夫人曰：「死生命也，吾死有 / 所矣，寧擇 / 地而後生乎！」將化，言語視聽如不病者。猶書與諸婦泊其女訣，遂盥 / 濯易 / 衣服，臥未安，卒，年七十有二。三子：曰伯莊，曰伯羽，皆累以鄉書薦禮 / 部；其 / 季伯通也。女一人，適進士尚友諒。孫男二人：曰憲文；次幼。孫女 / 六人。銘曰： /

夫人在家，能進事親之道。父母擇所配，而後嫁之，是可以知 / 夫人為婦 / 之順。諸子承訓，有學有行，是可以知夫人為母之賢。貧而 / 能樂，使里閭不 / 敢犯，禮克葬其三世之喪。明則人畏之，幽則鬼懷 / 之，是又非婦人之所能

者。生而無憾，死而得壽。有子有孫，将顯大于後。嗟乎！夫人可以無慊於九泉矣。

十七、宋武銳墓誌　　紹聖二年（1095）八月二十七日

宋故太原武君墓誌銘并序 /

京地府興平縣主簿趙天佐撰文。 /

宣德郎、知鳳翔府扶風縣事兼兵馬監押李安行書丹。 /

新授懷州防禦推官、知延安府甘泉縣事鄭咸篆蓋。 /

孝以事親，推之所以為仁；悌以從兄，推之所以為義。道雖堯舜，不過於是。然孝夲於 / 因心，而父子之愛出於天，性之自然，人之常情，莫不嬰從而孺慕。則孝雖為大，行之 / 者易。兄弟之別，生而同和，長而異趣。至於泒分而枝散，則疎者易間，剛者易陵。其於 / 悌也，行之為難。京地臨潼武君銳者，所謂能弟而得其所難者矣。今夫昆仲之幼也， / 同懷共哺，交歡于父母之前；垂髫綵衣，連襖于堂廡之下。其和乃所以為真，其性乃 / 所以為善。及夫長而異好，壯而異室，所娶者異姓，合之於內而難同，所習者異，散 / 之於外而難一。妯親自殊，子姪自別。則各親其親，各子其子。同門而異戶，殊爨而別 / 財者，要之比比皆是也。惟君則不然，自曾祖延徽果州團練使，祖瓊右班殿直，父克協， / 累世俱不分。至君尤篤于義方。其事父也，左右就養，皆順其志，必欲其伏臘俱備， / 而甘旨無虧。遂乃服勞幹蠱，務盈其家。耕植載績，良田被野。零河之西，號為巨族，家 / 愈富而義愈豐。嘗誡其家曰：「善為夫者無聽婦言，以敗吾家法；善為婦者無聽夫言， / 以傷吾教令。」雖婢僕少有異言，必怒目叱之曰：「毋壞吾家，此言何由来哉？！」服食器玩， / 常自薄而厚扵兄。專掌財產，無一物私於己者。凡人為家而興利，協力營產，與之 / 同好則易得其和；為國而求名，皆服儒業，既知道義則易得其悌。君自營家，而其兄 / 為學。苟有所湏，供給無倦。凡謀利之家，學成則勉而奉之，學廢則意從而怠。君之兄 / 屢挫於科舉，退而閑居，以詩酒自樂，交結英傑，賓朋浹至，宴飲繼日。君則飲饌必覯， / 纖細親具，其兄足欲，而坐客之好亦皆充滿而去。每兄欲議事，必開兩端，未嘗指陳 / 其是非，惟恐不合兄之意也。二十年間，歡同一日。公字君寶，娶妻莧氏，性恭謹，能順其 / 夫。長男志行，力學而求仕，善繼其志；次男安行，始學而勤家，善述其事。女一人，適三 / 班借職畢仲淵。內外雍容，和睦無間。孫男二人，孫女三人，皆幼。元豐中，縣令節度 推 / 官湛公朴特襃獎以文，揭諸里社。使和睦之美，風于一鄉。故鄉閭語兄弟之愛者，必 / 舉此以為法。享年五十三，卒於元祐七年十有一月七日。以紹聖

二年八月二十有／七日，卜新地葬于萬年縣龍首鄉鳳棲原。方是時，運使游公移文長安屬縣，置善行／簿書，孝悌累世不分，而兄弟和睦者若君，宜首書焉。遂為之銘曰：／

周尊教典，友與中和。漢重鄉官，孝悌立科。興賢舉善，／非君縈何。君家棠棣，三葉相映。君家雁行，和鳴相慶。／人之不足，獨處其盛。嗚呼！友于兄弟，是亦為政。／

李壽彭刊。

十八、宋李安時墓誌　崇寧元年（1102）正月二十三日

宋故李主簿墓誌銘 /

西頭供奉官、前武学諭牛幡撰。 /

朝奉郎、新差通判兗州軍州兼管內勸農事程易書。 /

相州林慮縣主簿李君諱安時，字致平，世為澤州人。其先占籍 / 高平，其父始遷晉城，三代皆晦迹不仕。君少警徹，博洽能屬 / 文。十八舉進士，見遺春官。三十桼上不偶，鬱鬱不得志。迺放懷事外，以酒自娛，劇飲酣暢，狂歌傲睨。意以抗訂榮華，擺脫攖拂， / 不復以仕進為意者，垂三十年。以故道愈窮，家益貧，墮其壯氣。 / 至夫鬪捷藝闈，則反在碌碌者下。原其格韻，雖其昏醉间語，杯 / 勺间事，一一灑落清新，猶豈為時人激賞而稱道。使君易其 / 廢究之晷，以熟道學，以事進趨，則何啻不取青紫以俯拾地芥 / 之易邪！然卒潦倒不振者，任達之罪也。君之文尤長扵詩行， / 尤勇扵赴義。其友張翼死，息女傭賃扵里豪。君哀金贖而嫁 / 之，時人義焉。若其一言一詠，未及成章而已為旹傳誦者甚多， / 兹不錄也。元豐五年，明朝收卹滯淹，賜同学究出身。初 / 筮授林慮主簿，秩滿，再調長安萬年簿，未之官而卒。元祐三年 / 二月二十七日也，享年六十四。一子繼卒，無後。其柩權厝于髙 / 平佛寺，歸葬無期。鄉人多憐之者，合謀遷厝扵其先壠，其赴義之 / 報歟！卜崇寧元年正月己夘窆，其門人焦準實主其事焉。命 / 牛幡銘其壙，幡其舊也，義不淂辭，遂銘之。銘曰： /

君才則長，君命則躓。天邪人邪，孰主張是。君魂則升， / 君骨則棄。親乎友乎，哀金以瘞。晉賢之頹，白水之尾。 / 氣候沖融，物華妍麗。有鬱其塋，松楸蔽芾。有吉其辰， / 金玉鳴吠。君乎歸乎，從先惟禮。

酒憲鐫。

宋故李主簿墓誌銘，西頭供奉官前

相州林慮縣主簿李君諱安時字弦平世為澤州人其先盖

朝奉郎新差通判兗州軍事弦平父始遷晉城三代皆不仕偶

丈復其父以酒業自娛酤春酒醉晡歌下不以偶

君十八以蔭補劉飲暢官狂歌下不以偶

事外復關一進士則在硤三十年遂不得志

崒句外以仕進為娛則及垂官三十年遂不得志

无究間丈夫復關以一捷進為娛則在硤三十年

之究邪義葦以灌園學者以事進為娛則激

瑳易之邪義葦道石振者任為激愈顧其雖道使醉

之時也元為其友張翼一死息女儐貴罪也

平二月授十一日歸卜其卜英年六十四合葬於

平二月二十七日歸卜葬於鄉人多憐之

牛帳報則其壙幢幢銘則長安朝入門

君牛帳幢寺二十一日歸卜英年

君胃則其舊蹟義君令其友

金氣主鳴吷融粟物親華歸乎

君侯冑沖粟鳴物親乎歸乎巖乎逆先惟堂

松栝薆苒有吉其辰有白水之尾其

君魂則升

銘曰

音挺薆苒酒邊離

有吉其辰

十九、宋石起墓誌　崇寧二年（1103）正月五日

宋故朝奉郎、尚書職方貟外郎、輕車都尉、賜緋魚袋石君墓誌銘 /
河南李復圭撰。 /
大名韓川書。 /
弟异篆。 /
君諱起，字遠叔，實西京左藏庫使、贈工部侍郎府君之冢嫡也。其姓氏之出閥閱 / 之緒，墳壠之兆見于吾友陽夏謝師厚銘，述侍郎之墓詳矣。君生而莊重，自 / 幼學迄成人，不勞師訓。舉進士，一上登第，調邢州南和縣主簿，薦陟洺州永年縣令。瀕 / 漳作防，歲賦茭薪于民。君斂之有術，閱旬畢輸，悉去苛壅之患。時方更鄉役法，縣 / 先釐是，守輒妄沮。君抗論不可奪，聞于 / 朝，卒用君說。按察交薦，秩滿陛對，除秘書省著作佐郎、知太原府祁縣。 / 英宗纂緒，遷夲省丞監、成都府軍資庫，再進太常博士。 / 今上登極，轉尚書屯田貟外郎，賜五品服，改都官貟外郎，通判邢州。方董役河澨，聞 / 侍郎之訃，兵夫哀泣攀送。服除，授職方貟外郎，通判濟州。早暵貸粟，貧贏獲濟，議復山 / 口倉所費萬計。君曰：「厪民力役，又適匱乏，非先務也。」遂請罷之。大河決曹村，州當 / 湍悍，捄循勞徠，叶布嘉惠。歷佐二郡，參和振職，不夸不訐。前事規拂，動靡違戾。顧其器 / 蘊施設，曷易量邪！君篤孝色養，烝烝不倦。每官，必取便於親者受之。性不干請，見 / 士之容悅，苟合者嫉之如仇。嘗有稱君之材於宰相，相欲一見，君卒不往，遂 / 弗克用。故登第幾三十年，纔歷六官，而義命自守，怡怡如也。君義恤急難，有可為 / 者竭力無憚。如同年生許平施、故人朱紘、賈師熊皆去鄉里死，資助以歸。治家有法，雍 / 睦兄弟。孤妹將聘，資用畢給。君政事之餘，手不釋卷，閒招友朋詩酒之樂。曠然沖 / 遠，探莊老之學，漠然泰和，胕合天倪。前得疾，瘍發左頰，痛苦不支。予往省之，君曰： / 「死生之際，詎得控搏，第委順以終吾槀。」故啟手足之次，神色不亂。以元豐二年正月十 / 四日卒于京師之僦舍，享年五十有五。所著文集十卷，藏于家楹。元配臧氏，追封東莞 / 縣君。繼室女弟，封静乐縣君，卒。男子三人：曰采，曹州司法參軍；曰槩曰杲，未仕。女子五 / 人：曰叔英，適左班殿直焦孟叔；曰叔柔，適大理寺丞張遐；叔安、叔和、叔溫，在室。仲弟熙 / 聞君疾革，亟來省視，已不及見。遂議舉喪北歸，祔葬于邢州龍崗縣白圭鄉北賈 / 原先壟之丙穴。予既親且舊，索銘志墓，義不得

辭。銘曰：/

生也有涯，死為大歸。／疇主張之，夫何足悲。／

先君昔捐館舍，得銘將葬。而議者咸謂，祖母長壽君春秋高，宜有所回忌，□權厝塋／側。今不□長壽君大故，以崇寧二年正月初五日，遷就窀穸中間。祖考侍郎公累贈／金紫光禄大夫；采循職，官知縣事；檠、杲登進士第。叔英、叔柔卒；叔安適節度推官耿壽朋；／叔和適晉州襄陵縣令張完，卒；叔温適鄉貢進士李舜亮。皆事之更於昔者。嗣子采題。

二十、宋張鑾之女墓誌　崇寧四年（1105）四月八日

須城縣令洛／陽張鑾小女／子藏骨於此，／崇寧四年四／月初八日記。

二十一、宋李氏墓誌　大觀元年（1107）十月二十八日

額正書：宋故李氏夫人墓銘

夫人李氏，世為臨江軍新淦修德鄉上城里人也。年十四歲，歸／同鄉開化里符君，五十八載而共緒同心。生子一人，曰宗彥，娶李氏。／女一人，曰三娘，適鄒從元。男孫五人：一曰良鎮，娶彭氏；二曰良瑞，／娶聶氏；三曰良臣，娶聶氏；四曰良衛，娶鄒氏；五曰小子，尚幼。／女孫二人，曰大娘、二娘，漸成童，許二鄒氏。男女息孫，不可備書。／夫人生稟淑質，名播善家。養尊堂以孝，敬良人如賓。至於姒／娣婢僕，喜怒未嘗聞聲色。與良夫治產賦稅，乃增半矣。□／於建中靖國元年冬，自輟帑貲施於李山神光寺，建崇□，／修為沒后之梯航。世人謂曰：「此知足善女人也。」嗚呼！／

夫人厥壽七十有二，於大觀元年丁亥八月二十八日寢疾。／夢向後園採花，路逢女仙賜酒，迷而不返。卜於當年十二／月二十八日己酉，用銀錢一萬貫，於武夷王邊易得土名大／落牛阬亥山丙向地一塝一所，充夫人宅兆。其地東止甲乙青龍，／南止丙丁朱雀，西止庚辛白虎，北止壬癸玄武。上止／皇天，下止黃泉，中止夫人墓塋為界。地中凶神惡殺，不／得妄求爭占。如違，準／太上女青律令，急急。／

良夫請震為銘，乃不辭命，銘曰：／

夫人淑德兮蘭蕙馨，孝子順孫兮家富名。／七十有二兮終上壽，歲聿云莫兮空佳城。／

保人張堅固，／書人李定度。

里人楊可及刊。

墓誌銘額：銘墓人夫氏李故宋

夫人李氏□□爲臨江軍新淦修德鄉上藏里人也年十四歲
同鄉開化里付君五十□載而共緒同心生子八曰宗彥聚李氏
女一人曰三娘適鄒氏九男孫五人曰良鎮娶彭氏吾小子尚幼
娶晶氏三曰良臣娶晶氏四曰良衛娶鄒氏曰良瑞
女孫二曰大娘二娘漸成童許二鄒氏男女自孫不可備書
夫人生稟淑質名播善家養尊堂以孝葡良人如曾至於
娌婢媵懷喜怒未嘗聞罵色与良夫治産興稅乃豐羨
於建中靖國元年冬自殼節昔施於本山神光寺建崇
修爲沒石之擇航世艾謂曰此乃知足善女人也　嗚呼
夫人歐壽七十有二於大觀元年六月二十八日慶疾
實向台園徐化路逢艾仙賜酒迷□帅不返卜於當年十□
月二十八日己酉用銀錢一萬貫於　　武庚王邊易得土名
落牛阮家山内向地搿一所充　　夫人宅兆其地東止甲
青龍南止丙丁朱雀西止庚辛白虎北止壬癸玄武王
皇天下止黃泉中止夫人墓塋爲貝地中凶神
得女求爭占如遠津
太上女青律令急急
良夫請　　震　　名銘乃不辭命　　銘曰
夫人淑德兮絲上壽　　孝子嗣孫兮家富名
七十有二兮　　歲聿云莫兮空定佳城
保人張堅固
書人李定慶　　　里人楊□□刊

二十二、宋董齊墓誌　大觀二年（1108）十二月七日

額篆書四行：宋故／董公／奉議／墓銘

宋故奉議郎致仕、雲騎尉、賜緋魚袋董公墓誌銘／

朝奉郎、前知杭州仁和縣管勾學事、兼管勾勸農公事、武騎尉楊存撰。／

朝奉郎、前知康州軍州管勾學事、兼管勾勸農事、雲騎尉歐陽誨書。／

從事郎、梓夔路撫諭司管勾公事曾之國篆。／

公諱齊，字仲和，世家吉州永豐。曾祖文晃，隱德不仕；祖洙登進士弟，終桂州觀察推官；父師範，以公／累贈至朝奉郎。公自幼穎悟，不喜兒戲，幾冠博學，鄉書五上，而聲華籍甚。熙寧丙辰，特奏名同學究／出身。任象州司理，再調虔州會昌尉。用薦者，遷安州司錄，以通直郎致仕。／上即位，蒙恩轉奉議郎，賜章服，加勳。初象州有疑獄，執法者謂當處極刑。公繼至，察其非辜，遂狀其／事以聞于朝，果從公請。尉會昌日，嘗攝縣政。有兄弟訟財累年不決，公從容諭以孝悌，彼乃感泣／焚券，誓不復訴。安州有寡婦被殺，莫知其賊徒，有司執平人以實于獄者累月，將誣服就辟。郡守故／丞相蔡公確頗疑其冤，再擇公以審劾其事，公即得其情而釋之。未幾，果有獲真賊以告者，蔡公尤／嘉重之。其涖官所至，每以材幹稱者如此。然仕宦恬退，未嘗求知，而薦者交集。嘗謂人曰：「吾少力學／累舉，晚沾一命，雖未大施設，庶幾亦足以行其志。況人生七十，自古所稀，季將及矣，人雖我知，夫復／何為？」迺拂衣告老而歸，莫可挽而留也。公孝悌醇謹，語言不妄發，樂善如己有。與人友，和易而嚴。事／或少忤，必規以正，鄉族多畏而愛之。初失怙恃，撫育諸弟，教之有方。閨門之內，輯睦如也。聚族雖眾，／一遇以恩，悉無間言。鄉里有喪葬而窶扵財者，輒厚賻以助成其事。歲嘗飢，豪民閉糶以規厚利，公／獨抑價振之，賴以濟者甚眾。其行己所為，每以長厚稱者如此。休退間，以詩酒自娛，尤喜老氏，頗／達其旨。宜乎年益高而聰明不衰，以膺壽考康寧之福也。大觀戊子正月二日，終于寢，享年八十有／六。娶張氏，贈南昌縣君，先公而卒。子男三人：曰楷，曰桓，曰松。皆業進士。女四人，皆適士族。孫男七人：／洵仁、洵侯、洵美、洵直、洵都、洵哲，皆力學。洵侯舉貢士，俊穎未易量。一人尚幼。以其年十二月壬午，葬／于蜀原之合江。諸孤遣洵侯求銘于余，余視公里丈也，知公為尤詳。乃不辭而銘曰：／

博學而有祿以榮身，從仕而有政以疾民。達雖晚矣其志則伸，／猗嗟董公

孝友謙醇。扵鄉黨兮責朋友以切切，扵宗族兮誨子弟以諄諄。／善不嫉兮樂成人之美，財不吝兮推周急之仁。宜享福兮康寧而壽，／宜有厚兮高大其門。令節克著没而有聞，銘石于墓以昭後人。

葛溪俞德羲刊。

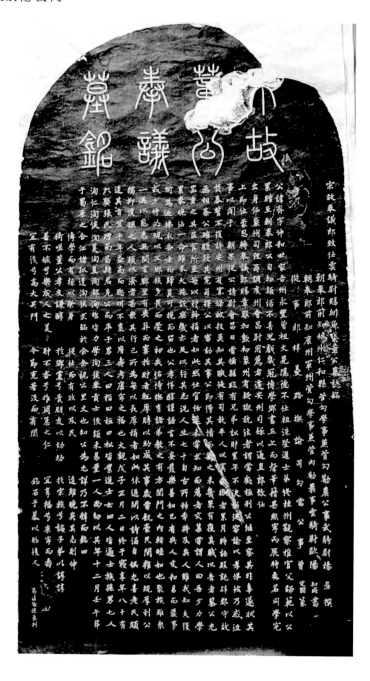

二十三、宋苗清墓誌　政和元年（1111）八月六日

額篆書四行：宋故／苗府／君墓／誌銘

宋故苗府君墓誌銘／

鄉貢進士李經撰并書篆。／

君諱清，字得一，世為上黨右姓。曾、祖皆失其諱，父諱。／先妣氏生男三，君其長也。君未齠齔，已失怙恃，／依於親族，其家財產耗蠹殆盡。君既長，亦不念其欺，慨／然歎曰：「祖父遺資亦為不少，今其委地，我不及溫清，以為／罪大，可不勉強以復其家乎！」由是不憚道塗，衝冒寒暑，懋／遷有無。未幾，其家復倍於疇昔。君行兒魁梧，志氣磊落，／裋身清潔，處性夷淡。重儒士，好施惠，周窮乏，慎交游，□人／皆慕之。以元豐五年正月十四日終，享年五十有五。□／李氏從夫柔順，和豫於親，恭儉於己。君之內治，李□□／力。元豐七年正月十六日終，享年五十有二。男二人：曰仲，／娶申氏；曰誠，娶連氏，卒，再娶宋氏。孫男三人：曰宗，娶常氏；／曰起，娶武氏；幼未名。孫女五人，皆在室。曾孫男一人，曾孫／女一人。卜政和元年八月初六日，仲、誠舉君葬於府城／西南太平鄉崇仁里新地，李氏祔焉。余與君同里閈，／奇君有克節，因銘其實。銘曰：／

猗歟府君，幹父之蠱。經營四方，／利以義取。好施樂士，鄉閭則焉。／相君盛家，李氏之賢。恭儉於己，／內睦外□。鬱彼孫子，其祚綿綿。

任道儀刊。

宋故
苗府
君墓
誌銘

宋故苗府君墓誌銘

鄉貢進士李經撰并書篆

君諱清字得一世為上黨右姓也

曾祖皆失其諱父諱亂已尖怙恃

顯姚氏生男三君其長也君既長亦不念其欺怵

然於親族其家財產耗盡始君求貝覓梧志游

依放親祖父遺資亦為不少今其衰地我不及溫清以為

遠有清素廉性夷淡復倍於士好施惠周窮之慎交游氣

罪大可不幾其夷□□□□享年五十有二男二人曰仲

裋身從夫菜順和孫宋氏頭室曾孫男三人曰宗娰常氏曾孫

李氏從夫武氏勿末名孫女五人皆在室李氏祔馬於□

娰申娰曰誠娰連氏再娰宋氏皆在室曾孫男一人君葬於府城

力元豐七年正月十六日終享年五十有二君亨□□

皆慕之以元豐五年正月十四日終享年五十有□□

女一人卜政和元年八月初六日仲誠泉君葬於府城

日起娰從府君因銘其實銘曰

西南太平鄉崇仁里新北李氏祔馬於□□□

寄君有克數年府君其□父□之盤鄉闕州已

相君感家郡李氏之賢恭倫於已□□□

內睠必同讚從孫母其祚綿綿往道儀州

二十四、宋范十八郎地券　政和二年（1112）十二月九日

額正書：地券如前

　　維皇宋歲次壬辰政和二年十二月甲申朔／初九壬辰，即有撫州臨川縣盡安鄉恭信里／青桐保歿故亡人／范十八郎行年七十歲。於南山／採藥，路逢仙人賜酒一盃，一夢不迴。今謹備／銀錢九千貫文、雜綵一百疋，於開皇地主边／買得地土名竹山背坤山艮向地一穴。東止甲乙青／龍，南止丙丁朱雀，西止庚辛白獸，北止壬癸玄武。／上止青天吉星，下至黃泉，所有棺槨內物色，並／屬亡人所管。保人張堅固，見人李定度，書人／黃衣道士。此地若有凶神惡鬼，速去千里。急。

二十五、宋德靖塔銘　政和二年（1112）十二月十三日

額篆書：靖和尚塔銘

宋故靖和尚塔銘／

普安比丘法澄録。／

師諱德靖，生緣撫之金谿人。俗姓陸氏，卝角出家于／邑之清沼院，礼师越輝。年三十六，淂業具戒。世壽／六十有九，夏臘三十餘三。政和二年壬辰歲十一月庚申，宴默觀空，嗒焉順寂。將用其年十二月／丙申，壘塔于院之東隅。度高第四人：曰自方、祖虎、／自寧、自圓。皆奉戒純一，愜于高懷。行者傳禧未／獲恩度，而精進守常。將窆日促，足自方求余／为銘。余知其詳，而辤不獲解，乃從而銘曰：／

旣慈且壽，有生還滅。／塔鑽松丘，清風明月。／

廖通刻。

二十六、宋梁珣墓銘　政和五年（1115）六月二十二日

宋故梁夫人墓銘／

通直郎陳穀撰并書。／

雄州防禦推官劉伯通妻梁氏諱珣。曾祖／昇，隱德不仕；祖審言，虔州錄事參軍；父清／民，蜀州新津縣主簿。梁氏世居江淮，曰家／開右，遂占籍京地之城南。夫人稟性端厚，／幼孝扵父母。及嫁，事姑無倦，承夫且順。推／官蚤死，孀居二十年，處貧無難色，杜門誦／佛書。雖親戚，見者有數，里閭稱之。感疾，終／堂于長安龍首里，享年五十有六，寔政和／五年五月二十八日也。死無子，有女一人，／嫁俊士句令儀。卜以是年六月二十二日，葬于萬年縣洪固鄉神禾原，祔推官之墓。／銘曰：／

守義而生，固窮而死。／形雖有歸，祭則無子。

二十七、宋范氏墓誌　　政和七年（1117）十二月七日

宋故恭人范氏墓誌銘 /

朝議大夫、直龍圖閣、新差知解州軍州事李復撰并書。 /

恭人范氏，長安人也。熙寧二年，予生十八年矣，始來長安居。 / 聞恭人季父棄官歸，講學不倦，予常徃見之，凡十年。予前兩娶 / 繼喪，恭人祖母蘇夫人識度高遠，德氣深厚，舉有儀矩。謂 / 恭人類己，愛視特異，命以妻予。時予方筮仕，家甚貧。恭人年 / 雖少，質性純重，服用極素約，而經理家事又勤，故予得奔走 / 盡心扵外事。惟歲時薦享，必求豐潔，齋宿饋奠，率中禮行之， / 終身造次無渝焉。平生不喜以人之得失供談笑，亦惡以驕 / 浮尚人。常曰：「此非有益扵德也。」撫鞠庶子尤恙意，常自乳之。 / 歸予三十八年，婢使輩未嘗輕詈責，人亦莫敢犯，中外無間 / 言。殁而發篋，無一物自藏，盖趣操天資如此。故從容不違，非 / 偽襲而為之也。政和七年八月二十九日，以疾終，享年五十 / 有七。初封同安縣君，再封德安縣君。新制封宜人，又封恭 / 人。男五人：曰續曰續，皆將仕郎。女六人：儀適河南昭深；循適 / 長安范秬；修適迪功郎趙伯牛；曰惠曰容，在室。餘皆先亡。孫 / 男一，曰嘉孫。孫女一，曰德孫。曾祖忠恕，尚書職方負外郎；祖祥， / 尚書度支負外郎，贈銀青光祿大夫；父襃，京兆府咸陽縣主 / 簿，贈朝散郎。其年十二月初七日，葬扵長安縣華林鄉杜城之西原。粗叙其槩而系之以銘曰： /

嗚呼恭人，匆清服義，德其類兮。從予多艱，躬自屬兮。 / 匪忮匪求，知所尚兮。率履匪懈，以克家兮。氣昇魄降， / 何遽歸兮。銘告乎来，亦惟略兮。

宋故恭人范氏墓誌銘

朝議大夫直龍圖閣新差知解州軍州事李復撰并書

恭人季父章官歸夫人蘇夫人諱慶高遠德氣深厚舉有儀矩謂

聞恭人喪己愛視特異命以妻子時予方仕家甚貧恭人謂

繼恭人類性純重服用極素時壽命必求豐潔齋饋真率中禮行之

娶少於質己無渝寫平生不喜以德人亦莫敢犯中外間非

雖心尚身而常曰此非使自藏盖未嘗輕操天資尤岂以疾終享年五十

盡身三人次曰山此政和七年八月安居六人適河南趙深循適

浮子尚而發十年續曰續賢仕郎女恕曰容在室餘皆先祖二孫

歸孩三之世一物自日續迪功郎趙伯牛女惠尚書職方員外郎祖祥

言孩襲而為遠也封同安縣君新封宜人又封

偽男初封德安縣君制封

有七安封五人嘉修適迪功郎贈銀青光禄大夫襄京兆府咸陽縣主

長男一曰范嘉修適迪功郎贈銀青光禄大夫

尚書贈朝散郎其年十二月初七日葬於長安縣華林鄉杜城

之西原祖叙其系之以銘曰

嗚呼恭人初服義德其類兮從予多艱彩自屬降兮

匪恔匪求知系銘告予来兮亦惟略兮

何遠歸兮求知所尚告予来兮亦惟略兮

二十八、宋王遇墓誌　宣和七年（1125）正月一日

額篆書：宋王達夫墓銘

□宋陝州助教王達夫墓誌銘并序 /

前原州靖安寨主簿時訒譔。 /

孫婿進士左式書并篆額。 /

達夫姓王氏，諱遇，達夫其字也。曾祖師文，祖隨，父継宗，世為 / 京兆人。達夫賦性孝友，少孤且貧。方其幼時，已能自立。既失 / 所怙，教育弟姪，賙給親黨，悉獲有成。雖號貨殖，與商旅交易， / 不為龍斷之罔。力生十年，坐致冨盛。既冨矣，尤喜施與，周人 / 之急，成人之美，惟恐不及。里中或有習為不義，諄諄勉諭，期 / 於從善而後已，於是信義著於鄉閭。達夫略無德色，且不責 / 其報。年齒弥高，視聽不衰。日課內典，風雨不廢。每戒兒孫，侍 / 側必嚴教誨，惟以孝悌勤謹為先。一門幾百口，上下肅穆，人 / 無間言。達夫未嘗從學，凡所施為，往往合於古人，有豈稱者。 / 崇寧間，入粟助邊，補陝州助教。宣和六年十二月初八日，燕 / 坐寢室，無疾而終，享年八十。鄉人聞訃，莫不感愴。顧非善稱 / 一鄉高義及久，疇能致此。達夫娶向氏，再娶梁氏。向氏生 / 男：長世安，早卒；次世寧、世暉、世則，皆補州助教。三女，皆歸士 / 族。孫男十一人：長彥之；次宜之、及之、信之、應之、悅之、益之，皆 / 入學為士；行之，慕道出家；餘尚幻。女六人。曾孫男二，女四。諸 / 孤卜以明年乙巳歲旦，葬于樊川縣春明社曲江鄉之原，從 / 先塋也。訒與達夫孫婿左式游，諗聞達夫鄉譽，廼敢摭其實 / 而次叙之，且為銘曰： /

嗚呼達夫，五福克全。善積若此，復何憾焉。 / 子孫詵詵，後必有賢。夜壑移舟，鄉譽藹然。 / 刻銘諸幽，以永其傳。

姚彥刊。

宋王達夫墓誌銘

宋陝州助教王達夫墓誌銘并序

前原州靖邊寨主簿時　　　　誤謬并篆額

孫婿進士左　　　　　　式書

達夫姓王氏諱過達夫其字也曾祖師丈祖隨父繼宗世為
京兆人達夫少孤且貧方其幼時已能自立旅交易與周人期
怡怡教育弟姪朝給親黨港獲有成號貨殖與商旅交易尤喜施與周人期
所為龍斷之圖力生十年坐致富盛既矣義諱諱勉與戒色兒孫侍
不為成誨之義惟恐不及里中或有習為不義諱諱每戒勉兒孫侍
於從善諱惟孝悌勤為先一門敦百口上下蕭睦人稱者
之意年齒彌高視聽不襄日課內典風而不廢每戒色兒孫侍
其報年齒嚴教諱入粟助邊而終享年八十達夫娶向氏助教宣和六年十二月初八日
無聞言達夫未嘗從學兄所施教為往往合於古人有是稱人
側必嚴教閭入粟助邊而終享年八十達夫娶向氏再娶梁氏向氏生四女四諸士
坐寢室無疾父歲能致此鄉人關氏計再娶梁氏向氏生四女四諸士
崇寧閒安及父次彥之次宜及之曾孫男二女四許士
一纖高義及父次彥之次宜及之應之悅三女許氏生四
男長男世安早卒次孫善旦藥于樊川縣春明杜曲江鄉延敏撫其賓
族孫為士以明年乙巳歲旦藥于樊川縣春明社曲江鄉延敏撫其賓
入學卜以明年乙巳歲之墓道出家餘尚幼女六人長孫女游諱聞達夫鄉譽藹然復何憾為
先塋也銘之且為銘曰　五福克全　善積若此　復何憾為　姚庚刊
而次敘之且為銘曰　後必有賢　夜壑移舟　鄉譽藹然　姚庚刊
孤婿也謝與達夫婚左式游誌聞達夫鄉譽藹然復何憾為
刻銘諸幽以永其傳
鳴呼達夫五福克全　善積若此　復何憾為　姚庚刊

二十九、宋陳三郎地券　建炎三年（1129）十一月十六日

額正書：潁川三郎地券

維皇宋歲次己酉建炎三年十一月／乙巳朔十六庚申日，謹屬洪州豐城縣／富城鄉同造里後塘保歿故亡人／陳君三郎壽年三十六歲。於今年六／月往南山採藥，得遇仙人酌酒一盃，／醉而不返。先用錢財万万貫，於住宅／亥壬方買得地名圲圿亥山丙向地／一穴。其地東止甲乙，南止丙丁，西止／庚辛，北止壬癸。中央為亡人万年塚／宅。其地內應有金銀珠宝，並係亡人／所管，地神不得爭占。如有前亡君子、／後化女人，並爲隣里。伏尸故器，不得／妄來呵責。如違此約，送付汝青，急急／如律令。見人張堅固，書人李定度，／保見人歲月主者。

三十、宋廿一郎地券　建炎三年（1129）十二月十七日

額正書：宋故丹陽壹郎地券

維皇宋建炎三年己酉歲十二月己巳朔十七日／乙酉，江南西路洪州豐城縣富城鄉梨塘里前坊保／孤子甘恭并弟□敬奉為歿故／先考一郎享年七十六歲。因向後園賞花，遇仙人／賜酒，醉迷而不返，命落黃泉。今用銀錢九萬九／千九百貫，就開皇地主邊買得乾亥山來龍甲／落坤向地一穴，作万年墓宅。東止甲乙，南止丙丁，西／止庚辛，北止壬癸。上至皇天，下至皇泉。左有青龍，／右有白虎，前有朱雀，後有玄武。見人張堅固，保／人李定度，書人天官道士。此間土地不得爭／占，書券為憑者。／急急如律令。

三十一、宋程踽墓磚　　紹興二十二年（1152）六月

有宋兵部尚 / 書程公墓甎 / 紹興二十二年六月造

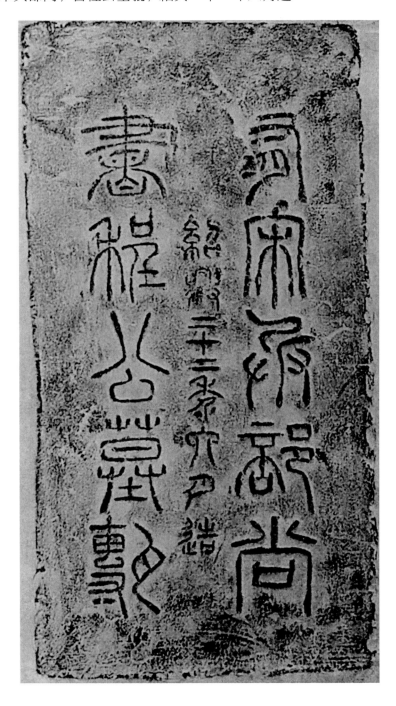

三十二、宋趙世朝、趙熙朝地券　　乾道七年（1171）十月二十日

維大宋乹道七年歲次辛卯十／月壬寅朔二十日辛酉，歿故／趙世朝、熙朝地券。生居／城邑，死安宅地。卜筮叶從，相地／大吉。宜於此華陰縣履賢鄉福／地之原安厝。其界左至青竜，右／至白虎，前至朱雀，後至玄武。中／方勾陳，分掌四域。丘丞墓伯，封／步界畔。道路將軍，整齊阡陌。千／秋百載，永保元吉。知見人歲月／主者，保人今日直府。故尫邪精，／不得忏犯。存亡安吉，一如律令。

三十三、宋許延祖壙記　淳熙九年（1182）十一月五日

額正書三行：宋故／許公／壙記

宋故許公壙記／

炎震束髮就學，先君親授經，間語以家譜曰：「予族自睢陽太守抗賊以死，／世濟忠義。由唐至國朝，簪組蟬聯。舊占籍南京，中原氛惡，流寓江右。故／家雖邈，文獻猶存。曾祖以數學名天下，當徽廟時，被褐見寶籙宮，繼／奉詔解揚雄太玄。而祖詞藝冠流輩，屢貢禮部。予承先業，卒老場屋，大／懼忝前躅。薰蕘不廢，必有豐年，女其孚予志。」炎震欽佩誨言，罔敢失墜。學／落不殖，顛頓迨今。敷播未獲而先君卒，日月有期，將葬矣。深惟不孝不敏，／未能乞銘貴顯，以著不朽，姑述大槩，揵諸壙。先君諱延祖，字彥洪，撫之崇／仁人。早孤，自力于學，手抄六經史漢，章分句析，是正訛舛。中年厭場屋，弃／舉子業，不復作。博觀廣記，議論淵源。性剛直而能涵容，平心待物，毫髮不／欺。常誦長樂老詩曰：「但知行好事，休要問前程。」既以自勵，亦／目誨人。奉先／至謹，春礿祠享，寒食拜掃，雖老必躬必親。居家和易，孩孺／亦狎。炎震科舉／屢折翅，先君撫之曰：「父母俱存，兄弟無故，女享是樂，／它復奚求？」暮年戒殺，／或經日不茹葷。家人苦諫，勉強一舉筯。神識精明，／早作夜寐，稚耋不改度。／禮接後進，恭恭如不足。鄉閭慶弔，未嘗暫廢，見／者皆曰：「淳古君子也。」無貴／賤少長咸敬愛之。平生不深信佛書，屬纊之／際，精神不亂。雖透悟禪寂，有／所不逮識者，謂為行善之報。曾祖世賢，祖／良肱，父發，妃樂氏。子二人：長炎／震，預庚子鄉薦；次阿連，生二歲卒。／孫男二人：嵩老、德老。女四人：適進士楊／伯震、黃襄、楊鑑、黃日新。次／再適吳煥。享年八十有四，以壬寅十一月甲申／葬于長安鄉之浮石灣，距邑二／十里。男炎震／泣血記，鄉姪宣教郎、新知吉／州萬安縣主管勸農營田公事兼／弓手寨兵軍正謝洪填諱。

宋故許公壙記

宋故許公壙記

炎震束髮就學先君親授經間語以家譜曰予孫自睢陽太守抚賊以死
世滌忠義由唐至國朝簪組輝聯萬占籍南京中原務惡流寓江右故
家雖遺文獻猶存而曾祖以數學名天下嘗微願時被禍見貴錄呂避
奉詔解揚雄太玄而祖詞藝冠流單婁禮部于承先荤卒老楊屋太
懼忝前躅蕪蕘不廢必有豊年女其尊予炎震欲佩諱言惻失墜學學
落不强顯治今數播為先君卒日月有期將葬予炎震科舉先
未能乞銘頒以著不枋姑述大祭捧話壙先君諱延祖字彥洪撫之崇
仁人早孤自力于學手抄六經史漢章分句析是正訂外中年厭塲屋弃
舉子業不茹葷家人苦諫讓論淵源性剛直而能涵容平心待物毫不
欸常誦長樂老詩曰但知行好事休問前程既以自厲孩你狎炎震先
至謹接趙先君撫之曰父母俱存女享是樂它復美求暮年戒殺
蜇折進遊恭如不足鄉問慶予未竟啟見者皆曰淳古君子也無貴
或禮接後進恭如不足深信件書屬緻之際雖透悟禪寂有
照少長咸敬愛之平生不深信件書屬緻之際雖透悟禪寂有
所不逮識者謂為行善之報曾祖世賢父眩樂妃樂氏子二人長炎
[震]胡庚子卿蔫次阿連生二歲辛娛享年八十有四以壬寅十一月甲申
伯震黃囊楊鑑黃曰薪次妻道吳娛享年八十有四以壬寅十一月甲申
葬于長安鄉之浮石塋邑二十里男炎震汪血記鄉姪宣教郎新知吉
州萬安縣主管勸農營田公事竟弓手暮兵軍正謝洪填諱

三十四、宋劉通判地券　淳熙十五年（1188）五月二日

　　大宋國建昌軍新城縣坊郭故前通判辰□／軍州事劉承議享年六十一歲，先於淳熙十／三年因任所回至南山採藥，遇仙人得酒／一盃，遂尔不禄。今來孝男謹俻／銀錢九千九百貫，憑牙人張堅固就開皇／地主边買礼教鄉土名□竹窠蔭地一穴，兌／山卯乙向。其地東至甲乙，南至丙丁，西至庚／辛，北至壬癸。上至青天，下至黃泉，中為父通／判万年塚宅。蔭益子孫，代代冨貴，官禄不絶。／切恐九泉之下，鬼神妄行侵占。請執此契，詣／太玄都省申訴，依／玄律施行。誰為書，水中魚。誰為讀，山中鶴。／魚何在，入深淵。鶴何在，上青天。淳熙十五年／五月初二日，地契。／

　　牙保人張堅固，／見證人東王公。

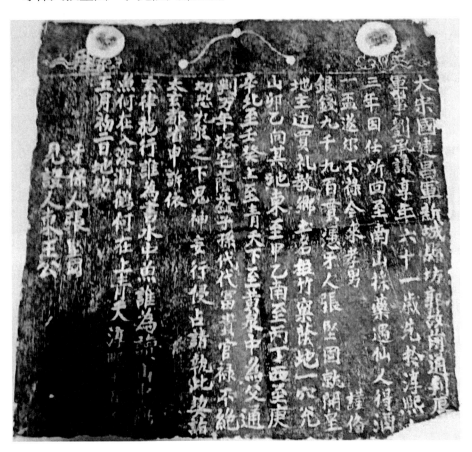

三十五、宋陳氏地券　　開禧元年（1205）十一月二日

額正書：宋故陳氏夫人券

　　維皇宋開禧元年十一月朔越 / 初二日甲申，孝子甘如山、如皐敢昭 / 告于郭坑山之 / 神。今奉先妣陳氏孺人歸葬于 / 此，其地兌山來龍，辛山落，頭作 / 乙向。前朱雀而後玄武，左青龍 / 而右白虎。乞賜扶持，敢有魑魅魍魎妄肆侵陵者，當聞于城隍 / 之司，而根其罪之尤者，斷于酆 / 都之獄。俾亡靈安宅，於萬斯年。 / 子子孫孫，春秋祭祀，享無窮之福。謹用明券以 / 告。

三十六、宋僥十八郎地券　嘉定五年（1212）十二月七日

額正書：壬申嘉定五年十二月

今據南城縣太平鄉九都疊 / 石孝男僥六八九伏為父 / 僥十八郎享年六十四歲，不幸 / 今月初七日身辝人丗，命返泉 / 鄉。今就屋後買得陰地一穴， / 作亥山巽向。東止甲乙，南止 / 丙丁，西止庚辛，北止壬癸，中止千 / 年棺槨。保人張堅固，證人 / 李定度， / 依□書人天官道士。

三十七、宋趙時清壙誌　寶祐五年（1257）四月五日

宋故夫人趙氏壙誌 /

先妣夫人趙氏讳時清，公族也，居霅武康之上。伯曾祖 / 公正議大夫。祖彥博，朝議大夫、工部侍郎，改贈保寧 / 軍節度使。父䕫夫，朝奉大夫、知通州。妣錢氏，贈宜人。 / 先妣生於嘉定丙子仲夏之二十九日，端平丙申歸我 / 先君通直。惟先妣天姿□□，德性寬易。事舅姑叺孝， / 撫媵妾叺恩。誠敬足以奉蘋蘩，贄泲足以楷娣姒。繇是 / 先君賴內助維多，而親黨皆見敬之。寶祐乙卯仲龝八日， / 卒于平江府吳縣永定鄉安仁里之正寢，年四十。子男 / 學采、伯采，女公采。學采等不幸蚤失所怙。先君已卜 / 長洲相梅林之原為地，未及窆而又失所怙。嗚呼痛哉！ / 稟命重闈，忍死以寶祐丁巳孟夏庚申合葬于所卜 / 之地。學采等孤且幼，未能乞銘於當世，謹書歲月叺藏 / 諸壙。孤哀子胡學采等泣血謹識。 /

文林郎、特差充招信軍録事參軍、兼司户、兼淮東總領所準備差遣胡璽填諱。

宋故夫人趙氏壙誌

先妣夫人趙氏諱時清公族也居雪峯康之上伯曾祖

公正議大夫祖彥博朝議大夫工部侍郎攺贈保寧

軍節度使父黃夫朝奉大夫知通州姚錢氏贈宜人

姚生於嘉定丙子仲夏定之一先曰端廿丙申歸栽

先君通直惟□□□□性宽易事舅姑以孝

撫媵妾以恩誠敬足以奉□□□□

先君賴内助維多而親黨皆說之寶祐乙卯仲穐八日

卒于平江府吳縣永定鄉安仁里之正寢年四十子男

學采伯采女公采學采等不幸釜夫所恃先君巳卜

長洲相梅林之原為北未叹笠而又失所怙鳴呼痛哉

寧命重闈忍死以寶祐丁巳孟夏庚申命奨于所下

之地學采等孤且幼殊能乞銘于當世謹書歲月以歳

諸壙孤哀子胡學采等泣血謹識

文林郎特差□招信軍錄事參軍兼司戶兼淮東總領所準備差遣胡塋塡諱

三十八、宋周允升壙記　咸淳三年（1267）十月七日

額正書四行：宋故／月軒／周公／壙記

先君氏周，諱允升，字同叔，先世為吉州泥田人也，高祖徙居臨江／新喻之天柱岡。曾祖諱南，字南羙。祖諱瑞，字國祥。娶胡氏，生五子，／先君其四也。賦性剛明，立身勤儉。以道理處世，以謙和待人。築居／相距伯仲間率咫尺許，友于和氣，朝夕聚與，怡怡如也。先君少亦／喜踈放，不以利禄関於身。壯乃務實，一意思為理家計。由是用日／以裕，而於義方之訓尤篤意焉。思積善遺子孫，扁齋曰「餘慶」。屋西／有庭，扁曰「月軒」。游息於此，自得其樂。人謂嚮用五福，滋未艾也。諸／孤不孝，上累所天，顧因微痾，遽尔辭世。嗚呼痛哉！先君生於嘉泰／癸亥十一月十一日戌時，不幸於咸淳乙丑九月十三日戌時，以／心氣疾終於正寢，享年六十有三。先君初娶廖，継楊，継朱。男二人，／惟永、惟敘，並朱出，俱習辭賦舉子業。長婦鄒氏，次未婚。女三人：長／適渝士何泰炎；次適淦士宋天開；幼未姻。孫男一人，丑生。惟永□／哀茹苦，卜今咸淳丁卯十月初七日庚申，扶護靈柩安厝於本邑／仁孝鄉地名界下指榮坑，坐丑癸向丁未，永為宅兆。吉於日，謹紀／姓氏，識歲月，而納諸壙云。咸淳三年十月日，孤子惟永等泣血書。／姪末從政郎、新差宝慶府司理糸軍三省塡諱并題盖。

宋故
月軒
周公
壙記

先君諱允升字同卿先世為吉州泥田人也高祖
新輅贈其四世祖諱瑞宇圖向宇而矢祖諱瑞宇圖
烏程伯仲閒訓云身勤儉則家計由備是君少亦
跡放於義方之訓爾遊心學間安于和氣則氣一
以裕扁舟日月軒所天顧固微自得五樂人韓翰乎庸
有庭不幸上景所天顧固微病遂於咸淳乙丑九月十
心亥十一月十一日寢享年六十有三先君初娶庶
怛氣疾給於正出寢享年六十有三先君初娶庶
道渝士何秦冰道塗丁卯十月初七癸而丁未求為
袁故若上今歲淳丁卯十月初七癸而丁未求為
姓仁氏藏歲月而葬諸塚云咸淳三年十月日孤子

三十九、宋范時可記券　德祐元年（1275）正月二十五日

額正書三行：有宋／范君／記券

莫逆交范君時可生而聰明，長益特達，強記捷見，髫齔如成人。甫弱／冠，目辭賦蜚英鄉校，士論咸快。閑居崇交，道繹理趣。薄物細故，／視之若浼。今分教寶應，秋江李公臭味傾蓋，一見如平生歡。亟相／舘置，喜與語曰：「君之才之美，猶名駒方秣，一日千里，庸可量乎！」居／數月，不幸以疾歸，浸復不起。初，君之考孟宣君缺饋事，予姻家女／兄丘氏繼其室。不再朞，孟宣竟大故。他日過從，每從容謂予曰：「始／兒為范氏婦，諸幼熒熒，不可人意。今有女為士人妻矣，／有子知論學取友矣。夫奚憂！」嗚呼！君之異乎人者如彼，人之期乎君者若此。／而卒制於命，秀而不實，昔者吾夫子嘗歎之矣。忍為故人道哉！君／之旣屬纊也，丘氏哀其孝且恭而復克壽，圖嗣續惟謹。伯兄儀鳳／再育子曰福保，充肥警敏，與群兒異。始命執事者齋宿，謁高曾之／靈而立之。嗚呼！君其不死矣。君諱元鳳，世為豐城上交里人。曾大／父恭叔，大父謙之，父堯言，俱種德潛隱弗耀。子一人，即福保，可昌／厥後。生於淳祐丙午十月之三日，卒于咸淳丁卯十月之二十九／日，得年二十有二。以德祐乙亥正月二十五日丁酉，葬于同鄉之／樟坑原，距所居半里而近。是山坐兊向夘，土厚水深，可以妥君之／靈，福君之後。將事，告于左右前後之神曰：

皇皇后土，山川之主。壞／厦泉臺，爾其守護。魍魎魑魅，爾其禁禦。祀事有常，冀威靈兮，來與／前葬。

姻契姪待補國學、補承信郎、江西轉運使司議事官劉椿記。／契末文林郎、寶應軍軍學教授兼淮東制置使司僉廳李方載填諱。

有宋范君記券

英遜交范君時可生而聰明長益特達強記捷見譬樟如成人有

弱冠曰詞賦蝥英鄉校士論咸快闕君崇交道繹理趣薄物細故

視之若況今分教實應秋江李公臭味傾盖一見如平生歡函相

館置喜典語曰君之才之美猶名駒方逵一日千甫可量乎居室女

數月不幸以疾歸寢後不起初君之考孟宣君缺饋事予姻家予女

兄五氏繼其室不再娶益宣竟大故他日過從每謂予曰始

見爲范氏婦諸榮榮不實昔者吾女爲士人之妻矣有子知論

學取友矣夫羹憂鳴呼君之異乎人者如役人之期乎君者若此

之兄制於丘民不實而孝弟先兄忌壽圖嗣續惟謹故人道哉君

再育子曰福保克肥警敏與群兄始命祝事者齋宿謂高昌之

靈而立之鳴呼君其不兄矣君諱元鳳世爲豐城上交里人曾大

父恭叔大父謹之父堯言俱種德潛隱弗耀于一人郎福保可昌

斯後生於淳祐兩午十月之三日辛于咸淳丁卯十月之二十九

日得年二十有二以德祐乙亥正月二十五日丁酉葬于同鄉之

發嫩原距所居半里而近走山坐冤向卯土厚水深可以妥君之

靈福君之後其將事告于左前後之神曰皇皇后土山川之主壤

槹君之後原其守護題雖雖爾其築祭祀事有常異咸靈兮來與

前菲姻婭妊待補圍學補承信郎江西轉運使司議事官劉揚記

英未文林郎實應軍軍學教授薫淮東制置使司僉廳李義填諱

四十、金劉順墓誌　天會九年（1131）十月二十七日

額篆書三行：故彭城 / 劉府君 / 墓誌銘

故彭城劉府君墓誌銘 /
上州文學、前權壺關縣丞楊舟撰。 /
文林郎、試太子校書郎、守襄垣縣主簿張士行書。 /
前權知襄垣縣事李譽篆額。 /
君諱順，字和甫，世籍潞城，居北垂里，以農為業。曾大父諱欽，妣趙氏；大父諱清，妣 / 張氏；父諱秀，妣王氏。君事親孝謹，恭勤子職，幹蠱用裕，氣節剛直，度量宏擴。出言 / 不苟，信義著扵里閈；中立不倚，未常阿意以徇人。君自幼勤扵稼穡，旦暮從事，敏趁 / 三時，能分地利，以叙五種。仍知歲運所宜，其言屢中。君家世豪右，雖累經異籍分資 / 析產，未幾，復成殷冨。君既冠，慨然有大志，生事直期度越扵人。扵是苦心勠力，弗憚 / 其勞。薄飲食，節衣服，與用事庸僕同甘苦。俄歷一紀，增廣田疇，連阡際陌，類皆膏壤。杇 / 貫陳粟，藏蓄鉅萬。時遇出納，若泉流山積。合郡目為大姓，僅冠諸邑。君既踰壯歲，常 / 苦乏嗣，里人潛嗤而竊議者甚衆。繼而兩產四子，人皆驚歎其祥異。君矜憫孤弱，振 / 恤窮乏。家有儲粟，雖遇善賈不鬻，止以稱貸鄉邑，周人之急，仍收息甚寡，以此德 / 之。君容貌魁偉，舉止嚴重，中外敬憚。尊尚釋老，尤喜儒士，饋遺招延，殊無吝倦。比年 / 適遭兵革，廩庫群蓄，火掠殆盡，今復如昔。君先娶張氏，繼娶成氏，皆早卒。繼娶郭氏，/ 惠淑雍睦，仰事俯鞠，克盡孝慈。享年四十七，政和元年八月二十九日以疾終堂。生男 / 五人：曰師尹，業進士，早卒；曰聚，亦卒；曰師正；曰忠，前充卞保正，勳授進武校尉；曰宭。皆 / 克承父志，起家有力。女三人：一適申良；一適申号；一適申浩。孫男一十三人，曰建、淳、汴、 / 漳、洁、澤、濟、涇、淏、淑、浸、潽、泩。孫女三人：一適宋冕；次在室。曾孫女一人。君繼娶趙氏，處 / 家勤約，愛育子孫，內助有功。君春秋六十有九，天會九年十月二十七日，以疾終扵 / 家。卜以其年十二月九日葬扵所居之西北原一里而遙，三夫人祔焉。君病且革，神 / 識不昧。醫卜僉言：「旦夕而亡。」君聞之曰：「未也。後三日，當吾祖忌，飯僧訖，吾必逝矣。」是 / 日，召諸子而誡之曰：「掌家事者，勿生異意。」既而曰：「急為我沐浴冠帶。」果不移時而歿。異 / 哉！似有前知之明也。君與余有接席之舊，其子師正以狀求余

銘，遂為銘云：/

高爵厚禄，金珠煌煌。驕奢淫泆，卒貽咎殃。豈若農父，/儉而有常。富商鉅賈，利資什百。其術則末，其心則刻。/豈若農父，純而不忒。君性節儉，君行純固。肅然其威，/恢然其度。葉茂祖考，慶流子孫。錄實楊善，無愧斯文。

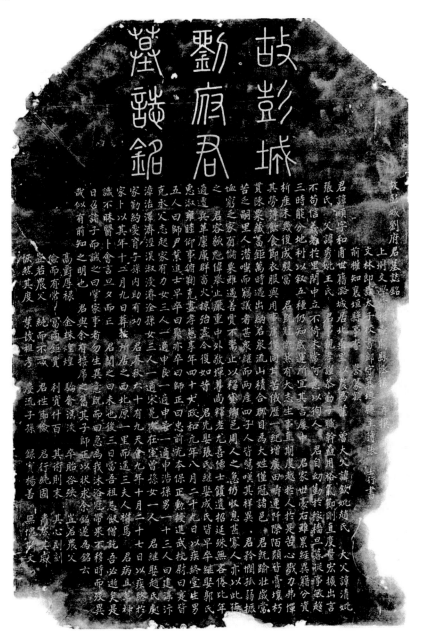

四十一、金董浩墓誌　天德二年（1150）八月二十九日

額正書四行：大金／董公／墓誌／之碑

大金董公墓誌之碑

汾陰薛休撰并書。／

公諱浩，字道輔，其先青州人。五季末，以遠祖將軍官于澤，／因家于高平。至今小仙井、河東有將軍墳，寒食猶拜其墓。／歲月旣久，陵谷遷移，遭大水漂没，失其碑與諱，故不得其／詳書之。公之祖諱明，父諱衡，皆服田畝。暨公積累以豐其／家，好讀書而尤於史，每至忠正孝義、操節凛然者，無不慨／然發歎。蓋其為人也，志在於是歟。又喜施惠而不求其報，／由是交游多士君子，時常曳裾焉。鄉黨宗族皆得其懽心，／故人皆稱其德。以皇統八年九月初四日終于家，享年七／十有三。娶李氏。子四人：長曰堯卿；中間二人幼亡；次四曰／延年。皆先卒。孫女二人：長適鄉人劉素；次未嫁。孫男一人，／即延年之子曰遂良。以天德二年八月二十九日葬公于／莒山鄉二仙廟東南麓。前期，持鳳林劉澋狀請銘於余。況／遂良乃余之生貟也，義不得辭。謹質其實而為銘曰：／

其先宦途，流慶有餘。暨公積累，篤好讀書。／尤深於史，夙夜卷舒。忠正孝義，景慕吹嘘。／又喜施惠，孰能是歟。仍不求報，復又難如。／由是交游，時常曳裾。士人君子，賴有相於。／小夫賤吏，以至耕鋤。懽心皆得，無間親踈。／以茲德彰，譽滿鄉閭。宜傳後世，皎日無虛。／

廣平鄭寶刊。

大金董公墓誌之碑

大金董公墓誌之碑　　　　　　　　汾陰薛休撰并書

公諱浩字道輔其先青州人五季末人遠祖將軍官于澤

因家就于高平至今小仙井河東有將軍墳塋食猶拜其墓以不得其禋

咸月就于高陵谷遷嶤七水漂沒失其田畆公積累以不得其

詳書之祖諱明父諱至忠衡皆服田而讀

然家好讀蓋其德以皇子時常曳於是歟又喜施惠書者無求其報不豊其食

由是人皆交聚李氏女子二人長適鄉人劉溱末娶幼亡次享年七人

故人皆稱其為君子四人統八年九月初四日終于家一曰于

十年有三先卒孫女四人長適鄉人劉溱末娶幼孫男次公一曰余況于

遂延年二仙廟之子曰東南麓也以天德二年八月二十九日銘曰

莒即山鄉乃餘義不期持謹嚴鳳林公實其積果而為

其先官史途負義前得辭德二年公狀請銘墓曰

尤深於惠游仍人劉溱狀請忠正孝讀書

又是交遊士人君子皆得子報義篤好讀書復又難如嘔吹

由夫賤吏能常曳是至耕鋤裼歠舒餘賴有親相景慕吹嘘

以故德彰　　時乾能常曳　　廣平鄭寶刊　皎日閒有無慮跧於

譽滿鄉閭　　　　　　宜傳後世皆得　無親相慮跧於

四十二、金宋進賢墓表　貞元四年（1156）正月七日

額篆書三行：故翰林／醫學宋／公墓志

故翰林醫學博士宋公墓表／

公諱進賢，河南人。世業醫術，妙扵砭藥，愈疾如神。尚／書許公見而異之，因援授翰林醫學。至于丁未五月／二日，以疾卒扵家，享年四十二。生二子：曰岳、曰岱，皆／齠童。會河南兵乱，公弟賑携逃雲中，鞠育教誨，甚扵／己子，人皆德之。天德己巳十二月七日，公弟以疾卒／扵雲中。後六年，岱等輿叔柩而来，舉公之櫬以謀大／葬。乃以貞元四年丙子正月七日，葬于河南萬安原／先塋東次。公夫人李氏遭丁未之乱，不知所向。今剋／木招魂，以祔焉。其孤泣謂偉曰：「雲中僑寄，未遂歸止。／鄉閭宗族，一無所存。相望二千里，省歸難之期。願銘／片言，用考信于後。」偉忝姻末，辝不獲，遂謹書此表于／墓下。

太原王偉識。

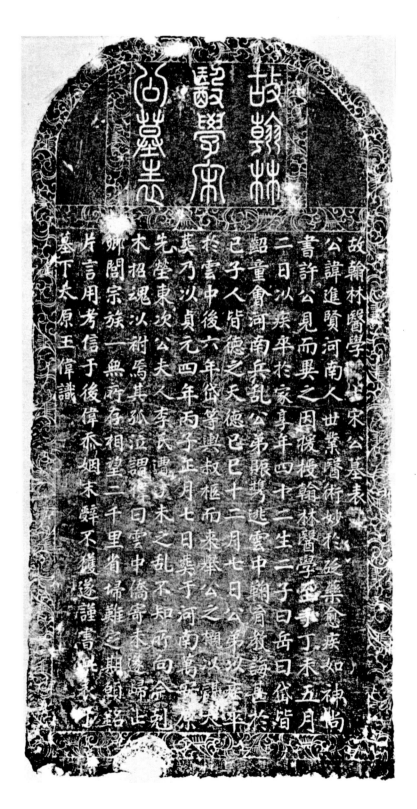

故翰林醫學宋公墓表

故翰林醫學

宋公基表

公諱進賢河南人世業醫術始於矼萊集愈疾如神尚

書許公見而異之因復授翰林醫學至生二子曰丁未五月

二童人皆德之天德己十二月七日公之弟次遠於大平

詔曰會河南兵亂公己巳柩而來舉于河南以

於雲中後元四年丙子正月七日之亂僑寄末知所逐向

莫乃以貞元四年歲李氏遭亂日雲中之亂僑寄末

先塋汉魂祔公大夫人孤泣謂曰末

木招魂祔一無所存偉相望三千里省婦難之期

鄉闡宗族為信于後偉喬姻末辭不獲遂謹書

片言用考信于後偉喬姻末辭不獲遂謹書

墓行太原王偉識

四十三、金程忠安墓誌　貞元三年（1155）十一月二十八日

大金故程醫墓誌 /

程醫之墓在安陽縣西陵鄉南 / 賈店之原，以貞元三年十一月 / 壬申葬，妻焦氏祔，禮也。程醫者，/ 諱忠安。祖諱用，父諱貴。其先屯 / 留人，後徙於相，世以醫名家。求 / 治者滿門，鍼藥之設十全其九。/ 為人博學，明姬易卜筮，天元運 / 氣之占，罔不畢完。所謂 / 不居朝廷，則隱醫卜者，斯人有 / 矣。卒 / 於皇統壬戌七月十二，享年六 / 十四。君三子：長曰宗彥；次曰子 / 淵；次曰公政，公政蚤卒。孫男三 / 人，孫女六人，皆尚幼。二子克紹 / 先業，子淵交於余，泣而請曰：「先 / 父不幸，力學為善而不顯於世，/ 宜有以誌於後。」余哀其孝且勤，/ 義不得辭。故書之，使納於墓。魯 / 郡不拘子孔世祥誌，安陽史琳刊。

四十四、金大眾普同塔銘　　正隆二年（1157）八月二十一日

額正書：大眾普同之塔

眞定府資聖院住持沙門資慧。／大眾僧數下項：／法通、法雲、法清、守志、／守基、守良、守一、守嚴、／守本、法證、法輪、守道、／法遇、守易、守先、義廣、／善住、永寧、慈津、慶文、／守圓。／

大金正隆二年八月二十一日，功德主僧法清、法證。／

典座僧守嚴。／

監庫僧守良。／

管勾院主僧守道。／

講楞嚴經沙門守一。／

勸緣住持沙門資慧。

四十五、金武元正墓誌　正隆三年（1158）三月十三日

　　大金故綏德監酒武公墓誌銘

　　上黨包宗元撰并書，西岐孫文奭刊。／

　　公諱元正，字公直，鞏州隴西人，祐州番部總領振之次子也。政和間，較武立功，初試熙河第／四隊將，改知臨江寨。復歷熙河第三部將，催督利州路糧舡，部押潼川府路轉般。各以能稱，／累官至秉義郎。迨／皇朝天眷三年，差權鞏州管內提舉備禦。明年，同州管勾機密文字。當南賊杜槩復據康定／作亂，眾已萬集。時馮翊將兵屯戍陝界，即權將副，率同耀步騎千餘，直搗其壘。賊已望風宵／遁，一境復平，莫不服其籌。不席權勢，以為己利，無不仰其公。復權京兆第九副將，監綏德酒／稅，換新官修武校尉。以正隆三年三月十三日卒于長安縣華林鄉塔坡西之別業，而即葬／焉，壽六十二。公生平磊落有度，義重交游，兼以旅力騎射稱之。凡將軍伍也，主師倚任之，未／嘗以私而枉害人。其志可佳，其心甚美。奈時命相違，名位不振。公嘗慨然曰：「大丈夫立功立／事，在乎壯年。今甫及五旬，祿止于此。況多病，而幸及清平，尚何區區希其寸進哉！」因綏德秩／滿，歸京兆，遂家焉。述其志，放意於歌酒間。里中無賢愚，悉接以誠，仍不以家事為念。落魄十／二年，忽一夕，以兩手掐指文，面西盤膝，端然而逝。親戚不悟，驚呼以覺之，竟默然得旬日，復／如睡而去。此吉心善應，獲果以示於人。故鄉閻識與不識，聞公之卒，莫不哀之。先娶范氏，生／二女，已各有家。再娶傅氏，今定武軍節度使傅資德之長女也。治家有法，生子安國，已娶。公／之棄世也，傅氏罄妝奩以備喪禮，家為一空。既葬，仍舉范氏魂草而附焉。傅氏賢義，又可見／耳。敢因論次，系之銘曰：

　　猗歟武公，壯年豪氣。惟時相違，輒肆其志。心不繫物，／物亦不繫。怡然醉鄉，別有天地。知身為患，安然而逝。宅此新阡，以永來嗣。

四十六、金善正塔銘　大定七年（1167）三月八日

涿州范陽縣永福鄉西馮村大吳寺門徒智性等奉為亡師特建／石塔一坐。師諱善正，俗姓程，年滿九十，夏臘七十有七。乃固安／縣李村程郎中次女也。時既趣扵非家，年未盈而受具，每日常講／誦其華嚴經也。扵大定六年六月十九日，因痰化扵本寺。後有門／徒三人智性、智俊、智松至今年三月初八日，各捨己財，仰荅／師恩，以建靈塔。大定七年三月初八日，門徒智性建。

涿州范陽
縣永福鄉西馮村
大奧寺門徒智性等奉為亡師特建
石塔一坐
師諱善正俗姓程字蒲九十夏臘七十有七乃固安
縣李村嚴郎也於大定六年六月十九日因疾化於本寺後有門
訪北性智俊智松至今三月初八日門徒智性建
徒二人智性智松至今三月初八日門徒各捨己財仰答
師恩以此塔

毎日常講

四十七、金李勝家族墓誌　大定十五年（1175）五月

酪記 /

沁州武鄉縣偃武鄉向陽村李展 / 乃故城人也。因兵火所廢，今遷在向陽所 / 居。展少亡父母，自身惟習仁義，家道 / □榮。故將先祖丘陵遷葬於村北 / 一里有餘墳內，故立記耳。 /

祖李。男李，男李勝。孫李福，孫李展。曾孫李海。玄孫聚㚇、元哥。 /

旹大定十五年歲次乙未仲夏末旬日畢。

四十八、金郭永堅墓誌　大定十七年（1177）八月七日

額篆書三行：故郭／公墓／誌銘

故郭公墓誌銘并序／
鄉貢進士王延景撰。／
將仕郎、洮州軍事判官姚俌書。／
將仕郎、管州軍事判官張師穎篆額。／
公諱永堅，字仲固，姓郭氏，世為澤州晉城人。曾祖純寧，寧化軍司户叅軍。祖琦，父／規，皆以儒為業，晦跡丘園，不求仕進。公生有淑質，弱不好弄。在齠齔，有成人之／志。居家孝友，處己廉平。接物以誠，周人之急。教子必以義方，假人未嘗德責。雖／未聞淹通經史，而有士君子之行，為鄉里長老之所敬服。富民田公名有知人／之鑒，一見公奇之，遂有東床之選。二親既終，兄弟分財，秋毫無所取，家人未嘗／見喜愠之色。性好施與，喜延士類，不間貧富，當時賢士大夫無不枉駕而願交／焉。臨事不惑，遇踈賤必加禮敬。大度相容，人莫測其涯涘。大定十五年十一月／二十四日，以疾終于家，享年五十有四。娶田氏，治家有法，慈嚴相濟。事父母舅／姑，皆以孝聞。內外親族，盡得其懽心。諸子諸孫，皆使知書。大定十七年八月初／五日，以疾終。子男三人：長延慶，舉進士，有聲場屋，累預計偕；次延祥、延齡，並勤儉，／克紹先志。女二人：長適景照；次適解百祥。孫男四人：長曰安中；餘幼。孫女四／人，皆未行。延慶等卜以大定十七年歲次丁酉八月戊辰朔甲戌日，葬公于縣／之移風鄉招賢里郝家社之原，田氏祔焉。將葬，延慶等丐銘于僕，僕與公有一／日之雅，又與世卿有場屋之舊。義不得辭，乃為之銘曰：／
猗歟仲固之賢，實稟生人之秀。行有孝悌之高，躬履仁義之富。／德堪一代之尊，何無百年之壽。俾厥後以克昌，乃皇天之降祐。

故郭公墓誌銘并序

鄉貢進士玉□□撰
將仕郎兆烱軍事判官姚□書
將仕郎管州軍事判官張□篆額

公諱永堅字仲固姓郭氏世為澤州晉城人曾祖純寧祖□户終軍□□
規皆次儒業安孝□園不ü仕進公生有淑質不好弄在齠齔之...
志居家庭通經史而有士君子之行篤於...
未嘗□通□一見公奇之遂有東床之選二...
文憂慍之色生子危亟類不間貧富賤必加禮敬大度...
見公喜慍事不怒遠戲貶必加禮敬大度兼公人莫測其涯深大定...
為時所...以疾終于家享年五十有四□□田氏治家有法慈...
二十四日以疾終于家享年五十有四諸子皆景...
五日以疾終子男三人長適慶次適...人皆...木行延慶等卜以大定十七年歲次丁酉八月戊辰朔甲戌...
之從木行延慶等乃為將延慶為之銘日...
愉克純先志友仁人長適景照次適進士□□...
□喬鄉招賢里郁家□神之東田氏...
□行郁仲固之間實乘生人之秀...
□德基一代之尊倒無百年之壽...便殿後以克昌力□昊天之降祜

－78－

四十九、金張楠墓誌　大定二十年（1180）八月五日

誌蓋篆書二行：故忠武張 / 公墓誌銘

故忠武校尉張公墓誌銘 /
進士畢山撰并書。 /
　公諱楠，器之，字也，故戶部尚書資德第六子。公在幼，善治生產，孝自 / 因心，以是而弗進取。曁冠，尊長督之曰：「夫為人子之道，無貽父母憂。 / 志功名，取富貴，則可矣，何默默而混凡俗乎？」公乃從父令，起 / 備檄管勾益都府鹽榷。未及期，輸官踰倍，以故輒進忠武校 / 尉。先娶宻州都巡杜□昭信女，其子曰晃，未娶。女四娘，適髙平孟令 / 弟三男。次娶曹忠武女，皆先公卒。無何，公以春秋五十歲，大定 / 十八季戊戌六月己未二十日癸未，以病終扵家。其子晃以庚子 / 八月乙酉初五日乙酉吉，葬扵馬遊村祖兆側庚地。懇然而來 / 謂余曰：「先人平生行藏，唯先生知之，欲丐文以傳其永。」余義 / 不可辭，而銘之曰： /
　公在稚齒，噐識淵然。仁孝信義， / 禀賦俱全。天何不祐，命弗俾延。 / 佳城鬱鬱，張山相連。哀哉刻石， / 以永其傳。

五十、金閣德源墓誌　大定三十年（明昌元年，1190）正月十八日

西京玉虛觀宗主大師閣公墓誌／

先生法諱德源，字之曰深甫，鄉居汴梁也。少而窹道，頓捨塵緣，／師夏宣和侍晨張公為職籙道士，命授金壇郎。迨乎／上天革命，稽首饗／凰，携塵而來，寓跡此地。既而卜築扵京西，興創土木，度集徒眾，／琳宮壯麗，計日而成。清高之行，喧傳宇內。由是／賢戚公侯、大夫士庶敬之如神。／朝廷累賜師號，為羽流之宗。嗚呼！使／太上之教丕闡于朔方者，／先生之力也。享壽九十有六，臨終，其數書頌而辝古，有遺藁之／存焉。特謂門弟子曰：「雲中故俗，人亾則聚薪而焚之，吾所弗欲／也。當以遺骸瘞之於丈室之後，無擾鄉人。」眾垂涕而應之曰：「敢不受攷。」／遂遽煥而逝。是日，大定己酉十二月中旬也。扵是召日／者卜其吉辰，謹依遺命安葬。禮畢，銘之于石，以紀歲月。／先生功行具載亭碑。大定三十年正月十八日，門弟子韓去戀／等謹誌。進士祝庭用撰，小師孔衍辥泣血書丹。

西京平盛觀宗主大師閻公墓誌

先生法諱擴源字之□深甫鄉居汴梁出□以無眷遺趙宿塵後

師□宴宜和侍晨張公齋職録道士命授金壇郎道子

工天覃命禤首響

鳳瑟塵而來寓跡此地既而卜築於京西興創土木厥崔徒衆

睿戚公疾大夫主庶大夫預爲羽流之宗嗚呼使

朝廷累賜師敬之如神

先生之教巫闢吾期方者

友焉特謂門弟子曰雲中故俗人亡則聚薪而焚之苔所弗欲

世當以遺骸座之丈室之後無擾鄉人衆至弟所應之曰散

不奉效逐災而逝是曰大定己酉十二月中旬也於是召曰

者卜其吉辰謹依遺命安葬礼畢銘□子石以紀歲月

先生功行具載亭碑大定三十年正月廿八日□師孔門弟子韓□□

等謹誌進士祝庭用撰 小師孔□□羣□□書丹

五十一、金黃幹窩魯不墓誌　承安四年（1199）八月二十四日

　　大金故武節將軍黃幹公墓誌銘 /

　　公姓黃幹氏，諱窩魯不，隆州路按察阿千戶□□謀克人也。高祖有功于 /武元朝，世襲蒲輦，至父先都罷。公性沉勇，□□射。皇統三年，以良家子選屬陝西元 /帥府，屯營部中。正隆南征，以徒丹平章、張□□為統制，因從軍。將入蜀，宋人来拒，寧 /河寨、原州、德順州、小西河、八井，凡四十餘□□陷陣，未嘗敢少却。會 /世宗即位，以功補敦武校尉，尋加脩武校尉。□定五年，兵罷，官中復留屯田，分營于 /武亭之任村，盖前所壁也。以公為謀克，轉授□武校尉，累遷武節將軍。公掌軍有法， /篤廉信，公賞罰，軍中莫不畏愛。明昌六年，班授流內職，未赴 /部。越明年正月十日，以疾卒，年七十一。臨終，語其子以延陵嬴博之意曰：「人生于天 /地間，死于天地間，骨肉歸復于土，魂氣則無□之。今渭川背腹山水，吾愛其地，葬此 /足矣，無須歸故壘。」諸子從其命，遂卜所營之□南二里高敞地，依浮屠法建窣堵波。以 /承安四年八月二十四日，窆其所。公娶溫□□氏，生四男：九斤、阿魯、僧哥、韓僧。二女：阿 /魯班、師姑。銘曰： /

　　生而從軍，以有官四方之志也；殁而留□，□□歡嬴博之意也。噫！雖同乎流俗 /之塵，而得夫通人之義也。……楊。 /

　　承安四年歲次己未八月丁酉朔二十四日甲申立石。 /

　　武洵直撰。

大金故武節將軍黃公墓誌銘
公姓黃韓氏諱□□不降州路按孫阿十
武元朝世襲蒲輦至父先藏公性沉厚
師府屯管軍中正隆□南征徒寸平章非
河寨原州德順州小西河八甲瓦四十餘□
武寧之生村□□蓋前塋也□謀克□校尉
篤廉信公諱□軍中□不畏愛明昌六年班授
部越明年正月十日以疾□□七十一臨終班授
地間死于天地間骨肉歸復于土魂氣則無
永安四年八月二十四日之旦所□□其
晉班師始銘曰
生而從軍以有官四方之志也段而留
之塋而得夫通人之□義也

永安四年歲次己

嬴博之意曰人生于天
之今渭川□腹山水吾愛其地葬此
南二里高敬地□□屠法建軍埠波以
其生四男□□阿□僧三女商
武校尉□武節將軍公□□有法
定五年□□罷官中復□屯田分管于
高統三年□□入蜀□□拒尋
身□□人也高祖有功于

西明二十四日甲申 武洞董立撰 石

五十二、元韓瑞墓誌　至元六年（1269）十月二十五日

故宣武大將軍韓公墓誌銘并序 /

甥男秦蜀五路四川行中書省奏差孟文昌撰。 /

前司天臺判驪山駱天驤書丹。 /

公諱瑞，字國祥，世貫古燕。始祖令公深天文歷數之學，仕晉為司空。晉逢 / 代革，歸契丹，事王姚輦，冊大聖，即帝位，國號大遼，進秩令公，年四十八薨。 / 一子職僕射，嗣聖立輔相之後，卒並勑葬皇墳內。有子五：一匡嗣，封秦王， / 賜姓耶律，兼人戶一萬戶；二匡羡，□□封鄴王，亦各有賜葬地；三匡贊，戶 / 部使；四匡圖，五匡道，俱登顯仕。秦王九子。長曰蘇司，嗣相位。次曰成古，守 / 司徒。次曰天保，守太傅。次曰德讓，年二十五，一命防禦使，以戰功加節度 / 使，入朝為點撿兼樞密使。三十，封楚王。景宗崩，聖宗三歲，公為丞相。太后 / 以聖宗幼小，未能蒞政，特有旨：可自今後，九朝，丞相坐，懷中抱聖宗，代行 / 政事。至十八，始能自行國政。特加十字功臣：經天緯地匡時致力立國功 / 臣，大丞相兼政事令，封晉國王，賜連御名隆運，聖宗名隆緒。及賜手詔，稱 / 兄不名，令乘輦上殿。七十，有疾，聖宗日往視之，專令仁德皇后晨昏省問。 / 薨之日，葬禮與景宗同，葬于廣寧府閭山官墳，額曰皇兄大丞相晉國王。 / 次曰萬命侍中。次曰合喎戶部侍中。次定哥相公。次迷哥郎君。次福哥守司 / 徒。子孫蕃盛，當代莫比。高祖企先仕金為右丞相，封濮王。曾祖德元，東上 / 閤門副使。祖鋼，沁南軍節度使，遷河東北路兵馬都總管。父亡其諱，以資 / 蔭補官，累加懷遠大將軍。公用是，宰永寧長水縣。及瓜代，居民輒留，凣歷 / □考。壬辰之亂，不知所從。郡君蒲察氏二子丑奴、元光奴俱甫冠而卒。女 / 三：長適國族完顏氏；次適翰林待制，即文昌之母也；次綵鸞，歿于兵中。甥 / 文昌以公實祖妣南陽郡君之弟，痛其無嗣，謹於至元六年己巳十月二 / 十五日丁酉，葬于咸寧縣龍首鄉九曲池西原先塋之左，用世其祭享云。 / 又為之銘曰： /

膏之沃者光必明，根之茂者枝必榮。鬱哉佳城，是阡是銘，以利我 / 後生。 /

峕大朝至元六年十月二十五日，女翰林待制、同修 / 國史孟宅韓氏甥男孟文昌立石。

故宣武大將軍蔣公墓誌[illegible]
[illegible]男秦蜀五路四川行中書省奏差孟文昌撰
前司天臺判　驪山　駱天驤書丹
公諱[illegible]世貫古燕始祖令公深天文歷數之學仕晉為司空晉運
代革歸契丹事王姚輦冊大聖即帝位國號大遼進秩令公年四十八薨
一子諱[illegible]射闕聖立輔相之後[illegible]境內有子五一匡嗣封秦王
賜姓耶律兼父戶一萬戶二匡[illegible]王亦各有賜葬地三匡贊戶
部使四匡圖五匡道俱登顯仕秦王[illegible]曰蘇司嗣相位次曰咸古守戶
司徒次曰天保守太傅次曰德讓年二十五一命防禦使以戰功加節度
使入朝為點檢兼樞密使三十封楚王景宗崩聖宗三歲公為丞相太后
以聖宗幼小未能蒞政特有旨可自今後凡朝丞相坐懷中抱聖宗代行
政事至[illegible]始親自行國政特加十字功臣[illegible]匡時致[illegible]立國功
臣大丞相兼政事令封晉國王賜連御名隆運聖宗名隆緒及賜手詔稱
兄不名今乘輦上殿七十有疾聖宗日往視之尋令仁德皇后晨昏省問
薨之日葬禮與景宗同葬于廣寧府閭山官墳賜名皇兄大丞相晉國王
次曰萬奇侍中次合喝戶部侍中次定哥相公次迷哥郎君次福哥守司
徒子孫蕃盛當代莫比高祖企先仕金為右丞相封濮王曾祖德元東上
閤門副使祖[illegible]沁南軍節度使遼河東北路兵馬都總管父亡其諱以蔭
補官累加懷遠大將軍公用是宰永寧長水縣及瓜代居民輒留凡歷
[illegible]壬辰之亂不知所從郡君蒲察氏子二丑奴元先奴俱甫冠而卒女一
[illegible]長適國族完顏氏次適翰林待制郎文昌之母也次繼[illegible]殁于兵中
文昌以公曾祖妣南陽郡君之弟痛其無嗣謹於至元六年己巳十月二
十五日丁酉葬于咸寧縣龍首鄉九曲池西原先塋之左用世其祭享云
又為之銘曰
[illegible]之淡者光之明根之茂者枝必榮哉佳城是得是銘以利我
後生
[illegible]大朝至元六年十月二十五日[illegible]翰林待制同修
國史孟[illegible]氏甥男孟文昌並銘之

五十三、元張氏家族合葬墓誌　　至元十六年（1279）七月十六日

　　大元國河南府路轉運使司／故知事張祥伯祥，祖張善、母／李氏前金時亡，葬於故鄉。亡／父張遇、亡母毛氏兵亂不知／所在。今以大喪，孝孫汝翼、汝／弼卜於至元己卯七月辛酉／日，招魂合祔于邙山之陽。孝／孫張汝翼、汝弼謹誌。

五十四、元馮時泰墓誌　至元十八年（1281）二月二十四日

大元故奉議大夫、耀州知州馮公墓誌銘／

安西邸記室糹軍馬紹庭撰并書。／

公諱時泰，字子通，盩厔人。其先居秦之始平，五季時以避地涉渭而南，因家焉。公六世祖嘗主／是邑簿，生公高祖觀，觀生曾祖清。清三子：曰永昌，曰永忠，曰永興。祖永忠四子：長曰辰，字孝卿，／貞祐進士，釋褐太原寧化簿，就遷令；次曰厚；曰德；曰原。縣令五子，公其仲也。自幼養於叔父原，／肄先業。後以兵荒，遂挈家從叔父東出關，北渡河，壬辰至太原，血屬咸聚焉。己亥，公中儒選，甲／寅，還鄉。初仕京兆路勸農官，次任三白渠副使。中統元年，用陝西等路宣撫司薦，欽受／宣命，充規措軍儲轉運副使。四季，佩金符，充順慶閬州等路規措軍儲課稅漕運使。至元二年，／加奉直大夫，改京兆、鳳翔、鞏昌、延安等路轉運副使。四季，加奉議大夫，遷陝西五路、西蜀四川／都轉運副使。十三年，改知耀州。秩滿，未浹七旬，杜門甘老，無復有仕進意。至元辛巳二月十九／日，以疾終，享季七十有二。公性仁淑，儀觀魁偉，親親愛人，不忮於物。雅好儒術，雖在攘攘間，未／嘗少弛。幼嘗負祖父避亂關東，至為人傭書以給養，內懷道藝不恤也。後還故里，安貧遣日，不／求聞達。宣撫司甄錄人材，首見辟用，士林榮之。中統初，西北多故，蘭州軍闕食，委公中糧萬餘／石，應期而辦，官民賴之。二季夏六月，宋瀘州安撫使劉整遣使持書詣西臺請降，章上未報。行／省商公議，欲先人嘗其信否，就為撫諭，而難其選。糹佐趙公以公才幹，乃舉應之。同列以遠方／重地，惜其行。公曰：「國之大事，願請一往，雖死無恨。」秋七月，至成都。宋俞興圍瀘甚急，整遣使從／間道來求援，主將謾不之省，方飲酒為娛。公適在坐，為之剴陳利害，廓宣忠義，遂欲與整使俱／行。於是主將惶懼，即日以兵南下。八月，公至神臂山，圍已釋矣。公徑入瀘城，示以不疑。宣言／聖上寬仁，宰輔賢良，効順投劎，迺其時也。整其吏民軍士喜而羅拜，但恨歸命其晚耳。將歸，整／令僚吏索良家子女贐公。公為書責之，意謂保城而降，本欲安民，今反奪人童稚以代公等饋／贐之勤，是誠何心哉。翌日，簽廳官四十三人，皆進士、老儒，感公之義，伏拜庭下以謝不敏。公惟／留詩一鉅軸而已。比還長安，須髮盡白。行喜，勞之甚厚，亦賞趙公知人。後轉漕，順閬主帥欲／妄戮一人，公諭以將帥臨敵，雖手斬百級不為過舉。至殺一不辜，則天有重譴，國

有常刑，是可／犯邪？力解而止，其活人之功如此。公平生居漕臺爲最久，所在羨增，民不知困。雖數經會計，曾／無一毫污己也。及爲耀州，晚節益壯，事辦而訟簡。嘗作福禍十字圖說，書于公署，託意垂誠，吏／不敢欺，民不忍忘也。公恂恂和雅，外若不足，然內操堅剛，不以易而進，不以難而退。第恨老于／一郡，故時有不盡才之歎云。初娶魏氏，生一子名堯，母子俱失兵間。次娶郭氏，先逝。生一子名／嘉，爲人誠款通敏，有遠識，以朙經爲專門學，前公五歲卒，人于今悼惜之。有孫三人：曰德懋、德／昭、德申。德懋已娶，餘尚幼。再娶范氏，無子，亦先亾。今將以二月廿四日歸祔公于長安縣義陽／鄉甫張里之先塋。德懋等泣血來請銘，余以公爲先人同僚，義不容以固陋辭，因系之銘曰：／

　　猗歟馮公，藹然仁義。縉紳起家，有光先世。窮達弗移，夷險一致。／涖服官政，在在稱治。惜不遠到，卒老郡侯。喪妻哭子，理逆何由。／鼎峙諸孫，傳芳未休。勒銘貞石，永賁山丘。

　　刊者□益。

五十五、元徐日永壙誌　至元十八年（1281）十月二十八日

額正書：殁故徐公壙誌

公姓徐，諱日永，世居撫之臨川。祖諱智璋，父子厚。公素 / 豁達，喜賓朋，不修邊幅。飲弗乱于性，怒弗形于色。待人 / 接物，春風和氣，藹如也。居近禪刹，與諸釋氏交游來往 / 無虛日。以勤律身，以儉克家。訓子訓孫，延師不倦。治事 / 有條，生理日裕。方將祝公以遐齡，啓佑我後。不擬 / 一旦遽以風痹之疾而逝，於乎痛哉！公生於丙戌八月二十 / 二日，卒於辛巳歲三月八日，享壽五十有六歲。前取金 / 谿周氏，先公二十五年卒。後取同邑王氏，子男五人：長 / 曰德明，取傅氏；仲德俊，取李氏；季継茂，悟浮屠學，祝髮 / 于安福，不幸先於丁丑順寂；其四德茂，取王氏；幼德珍， / 猶未受室。孫男九人：長名仲才；次巳孫，弃俗出家于福 / 山；又其次仲文、仲和、仲仁、大祐、小祐、庚孫、閏孫。女孫二 / 人：傅姑、王姑。諸孤以是年十月二十八日庚申，忍死奉 / 柩封于西源之陽先塋之左。其地坐亥向巳，四山環拱， / 一水前朝，眞吉宅也。葬旣有日，未能求銘于大手，姑叙 / 其歲月，以內諸泉壙云。孤子德明泣血百拜書，里末金 / 陵裔吳棻填諱。

誌壙公徐故殳

公姓徐諱日永世居撫之臨川祖諱智璋父子厚公橐
豁達喜賓朋不修邊幅飲弗亂于性怒弗形于色待人
接物春風和氣謹如也居近釋刹與諸釋氏交遊往往
無虛日以勤儉克家訓子訓孫延師不倦治事一旦
有條生理日裕方將祝公以遐齡佑我後不撼二十
遝以風痺之疾近於手痛哉公生於丙戌八月二十
二日卒於辛巳歲三月八日事壽五十有六歲前取金
谿周氏先公二十五年卒後取同邑王氏子男五人長
曰德明取傳氏仲德俊取李氏季繼茂悟浮屠學祝髮
于安福不幸先於丁丑順寂其四德懋取王氏幼德珍
猶未受室姑男九人長名仲才次已庚孫俗出家于福
山又其次孫仲和仲仁大祐小祐孫閩孫女孫二
人封于西源之陽以是年十月二十八日庚申恩死奉
一柩前朝真宅也葬既有日未能求銘于大手姑
其歲月以內諸泉壙云孤子德明泣血百拜書里末金
陵商吳棠填諱

五十六、元李允正地券　至元二十年（1283）七月二十一日

故李小三觧元地券文／

大元國江南西道撫州崇仁縣東里姜坊／保居，奉神李興祖偕室中黃氏、次新婦／樂氏、男孫復應等，謹昭告于長安鄉崒名／朱家坑之山神曰：次男小三觧元字定叔，／諱允正。生於宋寶祐甲寅正月初七日，卒／於至元癸未五月十三日，將以是季七月／二十一日祔葬于此山祖壠之傍。其地坐／癸向丁，水流歸酉。左龍囬翔，右虎蹲伏。朱／雀前朝，玄武後護。其或牛羊踐蹂，神其驅／逐。精恠縱橫，神其屏去。存者受蔭，亡者安／土。春秋祭祀，爾神其與享。敢告。

故李小三解元地券文

大元國江南西道撫州崇仁縣東里姜坊

保居奉神李興祖偕室中黃氏次新婦

樂氏男孫復應等謹昭告于長安鄉塋名

朵家坑之山神日次男小三解元字定叔

諱允正生於宋寶祐甲寅正月初七日卒

於至元癸未五月十三日將以是季七月

二十一日祔葬于此山祖塚之傍其地坐

癸向丁水流歸酉左龍回翔右虎蹲伏來

逐前朝玄武後護其或牛羊踐踥神其驅

崔精惟縱橫神其屏去存者受蔭亡者安

土春秋祭祀尒神其與享敢告

五十七、元李氏地券　至元二十一年（1284）十二月十七日

額正書：券記

維更代甲申十二月甲辰朔越十七日庚申，孝男／黃京泣血謹昭告于／丁原山神曰：生母李氏生扵宋嘉定戊辰閏四月，／其在宗室，實為姨孋。生男三人：長男趙汝鎬，娶金／氏，先一年卒，孫男一人趙淵，女孫復娘；夅男趙汝／釗，早世；京乃生母仲子也。奉龕出繼皇考千一／郡駙黃公之後。不幸夅失所怙，賴生母勤儉理家，／不墜先業。歲在癸未，奉龕贅于蘇宅，娶史氏。未及／歸拜，而天降酷罰。嗚呼痛哉！甴十一月八日戊／時，享年七十有七。今奉柩安厝于此。惟兹山之龍／来自七寶，降于丁原石峽。白虎右轉金岡，青龍左旋／胡家嶺。坐丑艮于後，丘坑山居朱坤于前，山水／環繞，是冝為吾生母之阡。咨爾有神，庇蔭萬／年。春秋祭祀，爾神其與享焉。謹告。

券記

維更代甲申十二月甲辰朔越十七日庚申孝男

黄京泣血謹昭告于

丁原山神曰生母李氏生於宋嘉定戊辰閏四月

廿在宗室寶為姨媵生男三人長男趙汝鑑娶金

氏先一年卒孫男一人趙潤女孫褒娘次男趙廣　皇考千一

剣早世京乃生母伸孝也奉命出繼

郡駙黄公之後不孝夕失所怙頼生母勤儉理家

不墜先業歲在癸未奉齋于蘇宅婆火氏未及

歸拜而天降酷罰鳴呼痛哉當十一月十八日戌

齡享年七十有七今奉柩安厝于此惟茲山之龍

未自七寶降于丁原后峽白虎名轉金岡青龍左

旋胡家嶺生丑艮于後立坑山居朱坤于前山水

環繞是宜為吾生母之阡塋　翁有神祇蔭萬中

午春秋祭祀　翁神祇與享焉謹告

五十八、元劉氏地券　　至元二十二年（1285）十月八日

額正書：券記

夫人姓劉氏，平生賦性寬和，治家勤儉。／生男二人。長名元積，娶劉屯徐氏，無嗣，／立孫一人，名繼孫，未娶，而男於是年母／子相繼而逝；次男名元升，娶撫州崇仁／縣山角劉氏，是夫人姪也。男孫二人：／長名端，娶水南徐氏；次名朱姑，尚幼。女／孫一人，適水南徐氏。夫人生於宋開禧丁卯九月，歿於大元至元乙酉／三月二十四日，葬於十月初八日丙午。／地名桐木窠，於所居之西，兌山來龍，坐／乾亥向巳巽，得陰陽之宜。青龍衛左，白／虎據右。朱雀居前，玄武鎮後。呵禁不祥，／福吾後嗣。春秋祭祀，神其與享焉。夫／甘椿令哀子元升謹立此，以記歲月云。

券記

夫人姓劉氏平生賦性寬和治家勤儉
生男二人長名元積娶劉氏徐氏無嗣
立孫一人名繼孫未娶而男於是年母
子相繼而逝次男名元卝娶撫川崇仁
縣山角劉氏是男夫人妖也男孫二人
長名端娶水菊徐氏次名朱姑尚幼女
孫一人適水南徐氏夫人生於朱
開禧丁卯九月歿於大元至元乙酉
三月二十四日葬於十月初八日丙午
地名桐木革於所居之西兌山來龍坐白
乾亥向巽得陰陽之宜青龍衛左白
冤擽右朱雀右前玄武鎮後呵禁不祥
福吾後嗣春秋祭祀神其與享爲夫
甘棠令哀子元卝謹立此以記歲月之

五十九、元李氏墓誌　　至元二十二年（1285）十一月十六日

　　先妣太君李氏世家臨川延壽之西橋，與饒同閈。自歸我先君，外畊內桑，／儉勤相尚，家日目殷。太君性慈愛，餘光苟可及人靡靳，鄉隣德焉。尤樂崇／善，故捨福緣于寶勝寺為沙門。未幾縈處，於事無渝。越十七年乙亥革命，／哭次女。又三年，哭子曰成洎媳梁。又三年，哭長女。十年間，哭半子者再。摧／心痛髓，猶訓毓內外孫。每過山寺，輒責以哺養甥姪。福緣奉命周旋，歸省／外，提誨之，粗慰母心。滿期期頤，以盡烏養。嘗請曰：「暴客充斥，願改築以邇／溫清。」志未遂，不幸嬰疾，以至元乙酉十一月初九卒。遡其生於嘉定戊寅，／閱覽暑霜六十有八。在男惟福緣，在女惟如靖、三娘。孫埜霖，未任大故。明年／丙戌卒哭，徙柩于寺，廼相塋于寺東二里，鄉曰長寧，坑曰白泥，坐乾面巽。／既得卜，以十一月甲申葬。嗚呼！門衰祚薄，弗獲丐銘於顯者，創劇奈何。追／惟閫德潛晦不敢違，姑勒歲月，以庶不朽。出家男福緣謹記。

先妣太君李氏世家臨川延壽之西橋與饒同閈自歸我先君外畊內桑
儉勤相尚家日昌殷太君性慈愛餘光苟可及人靡靳鄉德烏尤樂崇
善故捨福緣于寶勝寺爲沙門未幾蓼莪於事無渝越十七年乙亥革命
哭次女又三年哭子曰成泊媳梁又三年哭長女十年間哭半子者再摧
心痛髓猶訓毓內外孫每過山寺輒責以哺養婣姬福緣奉命周旋歸省
外提誨之粗慰母心蕩期頤以盡烏養嘗請曰暴客充斥顧改築以邇
溫清志未遂不幸嬰疾以至元乙酉十一月初九卒遡其生於嘉定戊寅
閱著霜六十有八在男惟福緣在女惟如靖三娘孫塋霖未任大故明年
丙戌卒哭從抾于寺延相塋于寺東二里鄉曰長寧坑曰白泥坐乾面巽
既得卜以十一月甲申葬嗚呼門衰祚薄弗獲丐銘於顯者劉鉅崇何追
惟閨德潛晦不敢違姑勒歲月以庶不朽出家男福緣謹記

六十、元丁日升之父地券　至元二十三年（1286）十二月二十八日

額正書：地券

維大元至元二十三年歲次丙戌十二月／朔越二十八日庚申，嗣男丁日升、日臨、日／榮謹昭告于／本鄉上村石坥莊之山神曰：凡今之人，以／父為天。孤不自隕，而父棄捐。卜宅安厝，亦／既有年。睠惟茲地，實天啓緣。發源大潭，龍／勢飛騫。既高既伏，成就特然。坐壬向丙，龜／筮不愆。謹奉父柩，奠于斯阡。敢有凶妖，肆／威相挺。急擊弗失，罔俾其延。而父之靈，庶／妥九泉。春秋祀神，與後俱傳。

謹告。

六十一、元甘德瑩地券　至元二十四年（1287）二月二十九日

大元國至元二十四年丁亥歲二月壬辰朔越二十九／日庚申，孝男范方迥、方迪，女淑宜，孫閔、偓、齊昭告于／黃栢坑山神而言曰：先妣甘氏孺人諱德瑩，生於有／宋嘉定乙亥正月初四日酉時，丁酉歲歸于我先君／魯山。至元己夘六月三十日，不幸遽終于壽。敬涓是／日卜葬茲土，去家三里而近。又方迥不幸亡室彭氏，／生於淳祐庚戌二月二十日子時，終于丙戌正／月二十六日。有子閔、偓、齊，俱幼。茲舉柩附先妣以葬。／山坐夘乙，其向酉辛。尚賴爾神克護亡靈，呵禁不祥，／俾二冢安妥而子孫其昌。春秋祭祀，曰篤不忘。謹告。

太元國至元二十四年丁亥歲二月壬辰朔越二十九

日庚申孝男范子迥方迪女淑宜孫閏偓齊昭告于

黃猪坑山神而言曰先姚甘氏孺人譚德瑩生於有

宋嘉定乙亥正月初四日酉時丁酉歲歸于我先君

增山至元己卯六月三十日不幸遂終于壽敬消是

日卜葬兹土去家三里而近又方迥不幸亡室彭氏

卷端生於淳祐庚戌二月二十日子時終于丙戌正

月二十六日有子閏偓齊俱幼兹舉柩附先姚以菲

山坐邬乙其向酉辛尚賴爾神克護工竣呵禁不祥

俾二鬼女妥而子孫昌春秋祭祀曰篤不忘謹告

六十二、元張棋墓誌　至元二十四年（1287）八月十四日

大元故富順州尹張公墓誌銘并序 /

襄山李犹撰，彭術潘劼書。 /

公諱棋，字祐之，太原汶水人。先世無可稽，父賢為 / 王邸民官，母章氏。以豪右隸兵籍，徙秦，因家焉。公少勤書，壯優吏業。 / 聖元肇造區宇，塔海紺卜元帥奉辭西討，辟公幕府掾。從事有功，陞經歷。阿 / 塔忽、紐隣二帥相繼分閫，公職如故。參預方略，卒定西蜀。披榛莽，立官府， / 贊翊居多。至元二年，改成都路勸農官，兼提舉河堰。未幾，遷樞密行院都 / 事，兼新民總管。撫字傷殘，以實德陽等郡，民樂更生之恩。十四年， / 宣授成都路河渠都提舉，導江疏派，周溉沃野，歲稼滋稔，兵食緣是以饒。繼 / 任眉州尹，兼領諸軍事。下車之初，剪剔舊弊，政令為之一新。修文廟，以舉 / 廢典；搆三蘇之堂，以表前賢。知無不為，翕然稱治。秩滿，尹富順，政亦如之。 / 居二載，羸疾還成都。廿三年丙戌冬十一月廿四日，終于所居之正寢，享 / 年六十有八，遺訓權厝拎蜀。公先娶夫人何氏，生男世榮，仕至秦蜀行中 / 書省宣使，婦靖氏、史氏。孫男二人：孟曰繼先；仲曰繼祖。孫女哇哥、英哥，俱 / 幼。世榮弟世炎，不幸罹水厄。公之女二人：長適陝吏紐秀；次適靖明恕。夫 / 人何氏之没也，先公廿餘年，遂娶郝帥長女為夫人。鞠育諸幼，慈若所生， / 始終無間。公喪踰期，世榮謀及母曰：「先人素有守丘之心，竟莫遂也。長安 / 少陵原之別業，顯祖塋域斯在，曷往葬焉。」於是跋涉艱險，卒護櫬以歸。卜 / 以丁亥八月十四日壬申，同夫人祔葬以禮，左虛郝氏之穴，存義也。 / 公之生平，質且尚氣，寬裕喜施，治家有則，居官以勤。故能揚歷仕途，順受 / 而終。求之等夷，不多淂也。世榮持行狀泣拜，請銘墓石，辤不獲已，是 / 為銘： /

維公族源，寔出古并。兵籍例遷， / 家秦之京。一行作吏，歲從于征。 / 鞅掌賢勞，籍甚其聲。揚歷仕途， / 迄用有成。生兮無忝，死也為榮。 / 羸櫬來歸，禮祔先塋。清渭東流， / 玉案南橫。勒諸貞石，永固佳城。 /

至元二十四年秋八月十四日，孝子世榮刻誌。

大元故富順州尹張公墓誌銘并序

襄山李耝撰

彭衙潘勄書

聖
宣

六十三、元賈進墓誌　至元二十五年（1288）七月二十九日

大元故武威郡賈君墓誌 /

君諱進，本安西府咸寧縣龍首鄉王凹村人。賈之得姓，/ 案《姓纂》云：唐叔虞之子公明，康王封之於賈，為晉所滅，/ 以國為氏。見有墳塋在鄉，世為秦人。君幼而遭變譜逸，/ 祖以上皆莫得而詳。遷徙流離，無所不到。險阻艱難，身 / 備嘗之。於患難之中，親屬俱離散，幸得全其身。既娶李 / 氏，同心協力，以謀其生。名得寄於工匠之籍，以此，日精 / 其事，生計得裕。宗族俱散盡，別無親故，以此思鄉之念 / 日積于中。中統三年，挈家還鄉，經營居止，葺理生計，積 / 年稍安。求故墳塋，皆生荊棘，昭穆難辨。方圖別立墳塋，/ 未獲如願。不幸於至元二十五年六月三十日終於正 / 寢，享壽六十九歲。其室人李氏，三原縣人，辛酉年亡，享 / 壽四十三歲。今年八月初八日，同葬於本鄉芙蓉園乾 / 山之原。三子：長曰天祐，見為掌衣局堂長勾當；次二曰直；次三曰宜哥。九孫：教化、馿馿、留僧、五十九、/ 歪頭、松山、定童、僧奴、松壽。女一人，歸于刘氏。/ 其平昔行止大槩如此，故為誌之。/

至元二十五年七月二十九日誌。/

孝男天祐、直、宜哥命工刊石。

大元故武威郡賈君墓誌

君諱進本安西府咸寧縣龍首鄉王凹村人賈之得姓所戚宗姓纂云唐叔虞之子公明康王封之於賈爲晉以國爲氏見有墳塋在鄉世爲秦人君幼而遭變譜逸祖嘗之於患難之中親屬俱離散無所得全其生既艱難娶李氏同心協力以謀其生名得奇於工匠之籍以此日精其事生計得裕宗族俱散盡別無親故以此思鄉之念日積于中統二年挈家還鄉經營居止莘理生墳塋積之年稍安求故墳塋皆生荊棘昭穆難辨方圖別立於正未獲如願不幸於至元二十五年六月三十日終於乾享壤事壽六十九歲其室人李氏三原縣人辛酉年亡次曰四十三歲今年八月初八日同葬於本鄉芙蓉當次二曰山之原三子長曰天祐見爲掌衣局堂長勾當次曰其次三曰宜哥九孫教化駒駒留僧五十九正頭松山定童僧奴松壽女一人歸于刘氏其平昔行止大槩如此故爲誌之

至元二十五年七月二十九日誌　孝男天祐　直　宜哥命工列石

六十四、元李天祥壙記　至元二十六年（1289）十一月二十三日

先考李公福八居士壙記／

先考諱天祥，字瑞可，世居臨川縣積善鄉嘉村。曾祖諱彥光，祖諱／梓，父諱子隆，母饒氏。先考事父母盡孝道，處己謹慎，克勤家務，生／理以裕，增益田園，教子以成立。扵族屬鄉里和睦，敬信釋教，留心／經典，崇修善緣。今年八月，偶到龍興，遂得疾臥客館。及家書囬，子／姪即往，則病已一月，證頗危，囑付後事。尤以不得見母親為恨，俾／子孫盡心奉養。暨囬舟至清遠岸柞樹下，竟不起。嗚呼痛哉！時十／月十五日。後一日到家，兹卜地扵里之東坑，坐艮向坤，山水囬護，／于以妥靈。先考生扵／大元至元己丑二月初七日，享年四十有九。吾母吳氏生男三人：／長廷驥，娶徐氏；次廷瑞，娶許氏；次安生，幼。女二人：長囬娘，適黃景／純；次復姑，尚幼。男孫鐵驢，女孫菊姑。以是年十一月二十三日／己未窆。惟廷驥荨受恩深重，方圖侍奉，以安晚景。竟不克遂，而又終／壽于外，豈勝哀哉！謹述大略，納之幽壑。孤子廷驥荨泣血拜書。

先考李公福八居士壙記

先考諱天祥字瑞可世居臨川縣積善鄉嘉村曾祖諱彥兴祖諱
撑父諱子隆母饒氏先考事父母盡苍道處己謹慎克勤家務生
理以裕嘗益田園教子以成立扵族屬鄉里和睦敬信糶教留心
經典崇修善緣今年八月偶到龍興遂得疾卧客館及家書回子
姪即往則病已一月證頗危囑付後事九以不得見母親為恨俾
子孫盡心奉養暨回舟至清遠岸扵樹下竟不起鳴呼痛我時十
月十五日後一日到家兹卜地扵里之東坑坐艮向坤山水田護
于以妥靈先考生扵
大元至元己丑二月初七日享年四十有九吾母吳氏生男三人
長廷驥娶徐氏次廷瑞娶許氏次安生幼女二人長田娘適黃景
純次復姑尚幼男孫鐵驢女孫菊姑以是年十一月二十三日已
未塋惟廷驥等受恩深重方圖侍奉以安晚景竟不克遂而又終
壽于外嵩勝氣感謹述大略納之幽塋孤子廷驥等泣血拜書

六十五、元師弼墓誌　至元三十年（1293）十一月九日

額篆書：大元故師氏墓誌銘

大元故師君墓誌銘 /
安西王府掌書張瓛撰并書。 /
公諱弼，字輔之，師其姓也。祖長安人，公之父從祖 / 考兵變徙居蒲阪，因而家焉。父信誠之娶王氏，生 / 二子：長即公也；次鐸振之。公幼習儒業，長於詩書。 / 賦性溫純，為人廉謹。丁巳歲，挈家來長安，□善貨 / 殖，能目少貲獲大利。經營勠力，家業有成。至元丁 / 丑夏五月十有五日，以疾而卒，春秋五十有二。娶 / 薛氏，生五子二女。二女俱適豪族。子長曰中吉、中 / 庸、中允、中孚、中恕，中孚蚤世。孫男三人，長曰貞，早 / 古。中吉字无咎，夗資穎悟，熟通商賈，涉獵經史，略 / 明大義。事父母孝，与朋友信，有幹蠱之稱。 / 王府選充足用庫使，財用清白，處身廉潔，擢為安 / 卤路平准庫副使。公之遠祖葬扵蒲阪，子痛先塋 / 采楸故在，不克遠葬。將以至元癸巳冬十有一月 / 九日，從公之考，葬于咸寧縣龍首鄉靖恭務之原，叔父振之、嬸母孫氏祔焉，礼也。安西府學正成公 / 君玉持行狀命僕而言曰：「无咎葬有日矣，請為 / 之 / 誌。」僕與君玉世契，義不敢辭。謹摭其實而銘曰： /

韙歟師氏，賦性戞然。訹礼之學， / 淂其正傳。經營勠力，而貨殖焉。 / 偶罹厥疾，□之弗痊。卜其宅地， / 殯于新阡。有子克孝，葬礼具全。 / 勒銘貞石，億萬斯秊。

大元故□晉墓誌銘

安西王府掾書趙□撰并書

六十六、元張貞墓誌　元貞元年（1295）八月十八日

大元雲南行省宣使張君之墓 /

君諱貞，字子正，洛陽人，生於己未三 / 月十五日，英偉倜儻而有幹局才。至 / 元辛卯，充雲南諸路行中書省宣使。 / 癸巳，乘轉赴北。正月十九日，以病終 / 於大都之官舍，享年三十有五。妻同 / 郡鄭氏，一子曰沂，㓜而讀書。歸葬於 / 北邙之新塋，峕元貞乙未八月十八 / 日也。謹誌。

六十七、元駱彦昇壙記　大德三年（1299）四月六日

額正書：殁故駱公承事壙記

公諱彦昇，生於宋之紹定戊子七月初六辰時，享年七十有二。公处鄉／黨以和，族属以睦。有客過于門者，必以礼迎之，俱無倦意，未嘗以盃酒／為難也。公之有子二人，不幸乙亥年遭兵戈之難，俱已北矣。後翁継于／一女焉，適于継男駱有。不幸已早世，後又継男王彦福，乃本里人也。帰／家十有余年，不幸女已先逝。翁又沾染脚疾，門户不能出，醫藥不能療／于床者，已及朞歲，乃天数隕于此。不幸於己亥年三月初四日倏忽棄世矣。／翁娶本里喻氏，継男王彦福有姪二人：應成、應祖。男孫寿孫，女孫申娘、五娘、／癸娘。後招継女黎氏一娘，有男丙孫。今以大德三年歲次己亥四月初六日丙辰日，／卜葬于本里黄家園，坐癸向丁，風水朝挹，左右環抱合符。未暇求銘于当世君子／世君子，姑以聊記歲月耳。大德三年四月日，孝妻喻氏八娘、継男王彦福泣血謹書。

公諱彥昇生於宋之紹定戊子七月初六辰時其年七十有二公處郎

歿嘗以和淡屬以痤有客過于門者必以礼迎之俱無倦意未嘗以盃酒

故為雅也公之有子三人不幸乙亥年遭立戊之難俱民此矣後翁繼于

一女焉適于繼男駱有其不幸已早世後父繼男王府僮乃本里人也歸

衣此有余年不幸女已先逝父沾染脚疾門戶不能出當醫藥不能療

于宋者已久矣歲乃天數頂于此不幸於已亥辛三月初四日歿忽棄世矣

翁娶本里喻氏繼男王壬福有孫二人應成應祖男孫壽孫女孫男娘五娘

癸娘後招繼女黎氏一娘有男兩孫今以大德三年歲次己亥四月癸巳日丙辰日

承事下葬于本里黃龍圍坐癸向丁風水朝抱左右懷抱合符未暇束銘于當世君子

廣以喻氏八娘繼男王府福近孟護書

記不揆于姑以壙記歲月昇大德三年四月日孝妻

世君子姑以壙記歲月

六十八、元周子先墓誌　大德三年（1299）九月二十八日

額正書：故先君周公小二承事墓

先君諱子先，世居撫州金川之縣南順德鄉二十／都楊家墩人也。君處性寬和，為人洒落。事上／孝，待下慈。親朋往來，迎逢不倦。服田力穡，未嘗少／怠。養子訓女，畧无間言。幼娶吳氏，有子四人：長志廣，／娶熊氏；次曰志明，娶危氏；小曰志通，娶孔氏；幼志達，／未冠未娶。女二人：長適當都鄒□冨；次適一都熊必／達。男孫五人，名丑俚、勝俚、弟俚、華俚、生俚。女孫一人，名／申姑。長曰志廣，早逝。先君生於庚子年三月初一日子／時，生享卋壽六十歲。卒於大德三年歲己亥八月三十日。／今卜地于汪家坑家山安厝，其地是申戌山行龍，坐未向丑，／子癸水歸巳丙長流。取九月廿八丙午日，奉柩歸窆。今畧舉／其大槩，以記歲月云。孝男周志明苇泣血拜書。

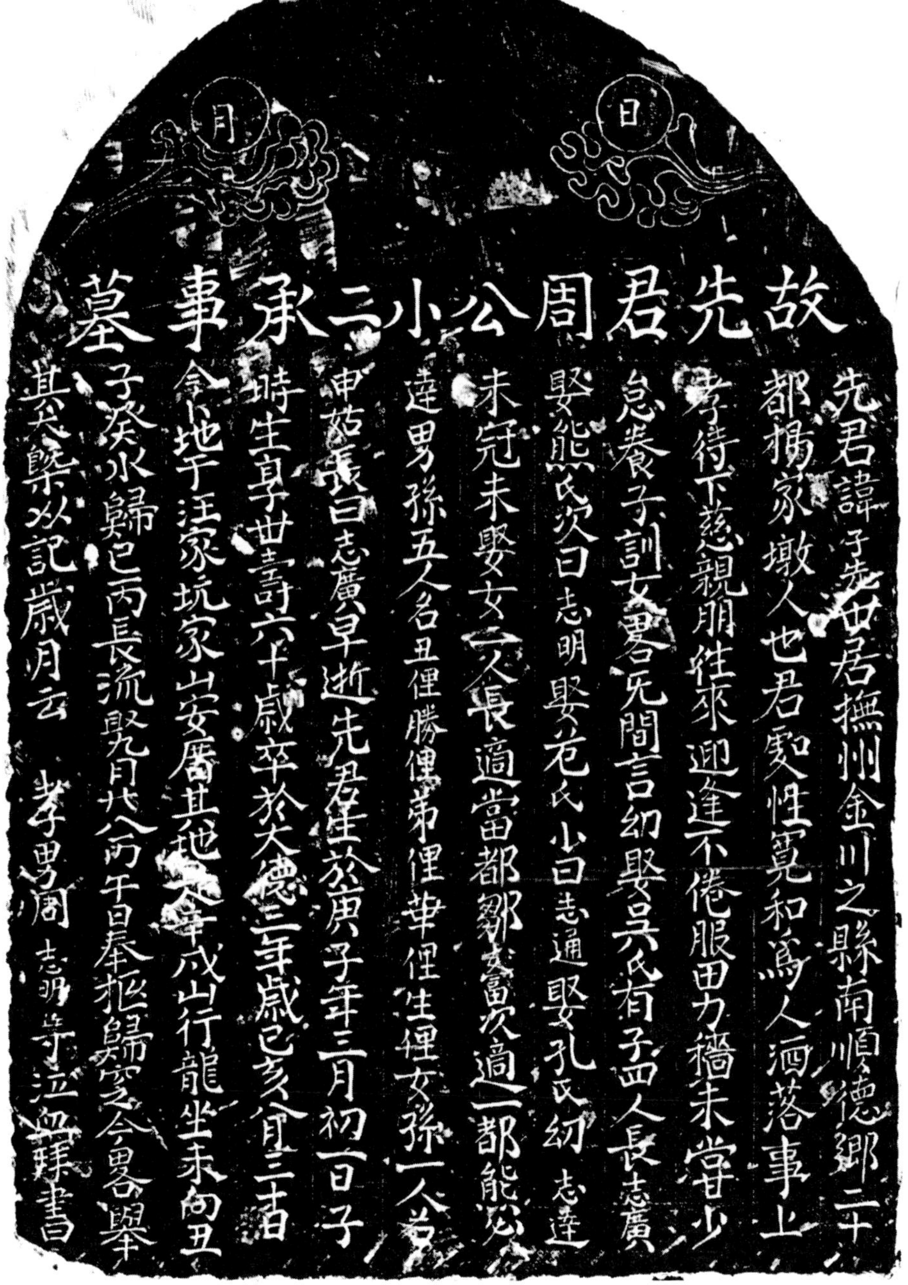

故先君周公小二承事墓

先君諱子先世居撫州金川之縣南順德鄉二十
都楊家墩人也君夙性寬和爲人洒落事上
孝待下慈親朋往來迎逢不倦服田力穡未嘗少
怠養子訓女罔見間言幼娶吳氏有子四人長志廣
娶熊氏次曰志明娶危氏小曰志通娶孔氏幼志達
未冠未娶女二人長適當留都鄒家富次適一都熊家
達男孫五人名丑俚勝俚弟俚華俚生俚女孫一人首
申姑長曰志廣早逝先君生於庚子年三月初一日子
時生享世壽六十歲卒於大德三年歲己亥八月三十日
今卜地于汪家坑家山安厝其地□辛戍山行龍坐未向丑
子癸水歸巳丙長流取九月廿八丙午日奉柩歸窆之今略舉
其大槩以記歲月云　孝子男周志明等泣血拜書

六十九、元吳福四宣義地券　大德四年（1300）十月十四日

額正書：地券

維／大元大德四年十月壬申朔越十有四日乙酉，孤子吳庭桂、／母李氏、出適女吳氏思敬、新婦曾氏、女孫隱弟百拜昭告于／后土尊神、此山山靈而言曰：嗚呼！／先考吳公福四宣義生於宋嘉熙己亥十月之丙午，年才六褒，／以不肖孤罪逆深重，不幸於去年正月二十四日，禍延于公。／嗚呼痛哉！卜取今日塟于此中溪山之陽，其地坐申向寅。尚／賴／爾神呵禁不祥，俾殁者妥其靈，存者昌而熾，皆／神之賜。春秋祭祀，敢忘報耶。謹告。

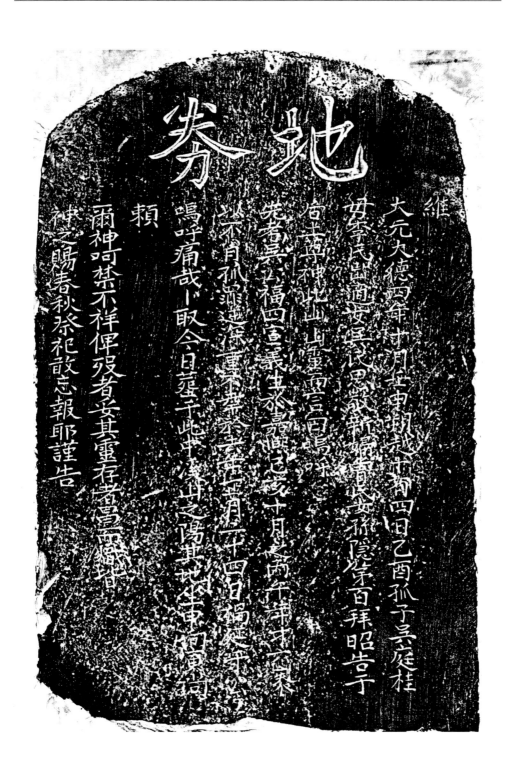

維

大元大德四年廿月上申朔廿□日乙酉孤子吳廷桂

毋李氏出□適安葬民殁敢新葬青□安祔隱第百拜昭告于

后莖神此山上□雲□曰賜年

先考吳福四宣義生於嘉□之□十月□兩十祥廿□

以不月孤□逐保運□其□□於□□四月十四日福□十

嗚呼痛哉一取今日莖于此中□山之賜其地□軍□□□

賴

兩神呵禁不祥俾殁者安其靈存者置西藏珤

神之賜春秋祭祀敢志報耶謹告

七十、元胡元英地券　大德七年（1303）十二月二十六日

額篆書：券記

先君諱元英，字元則，姓胡氏，世為劍江厚墩里人。曾大／父文卿，大父国用，父壽山，先君其次嫡也。生平負不羈之／氣，禀剛方之性。中外質直，脫畧边幅，望而知其為豁／達士也。歷艱險，堅強無少挫；重交際，疎率無隱情。平／居急義何限，甚已饑渴，至勞費困踣，叢怨讟而無所／尤，迹其人而求其天者宜何如。而徒風霜苦悴，竟挾此／以千古也。嗚呼痛哉！生於宋乙未七月初三日，歿於大德庚子／十月二十七夜，年六十有六。娶藻溪范氏，女二人：長適泉谷清／正公之孫；次適玉溪汪杞孫。俱先公卒。男二人：宜與、天與。孫男二人：／玄孫、済孫。孫女一人，謾娘。二孤忍死，以大德癸卯十二月二十六日己／酉，奉柩窆于廣豐鄉馬鞍嶺之陽。謹告于兹山之神／曰：

山氣鬱葱，蜿蜒來龍。羅山為祖，朱山為宗。坐寅艮／而向坤申，環遶四峰。卜其宅兆，实維我公，既均且平。／觀此形勢，公其來藏，万有千歲。惟尔有神，左右護衛。／呵禁不祥，福及苗裔。子子孫孫，祀保千秋。來拜公墓，毋作神羞。謹記。

券記

先君諱孟字元則姓胡氏世為劍江厓卿里人曾大
父支卿大父圃父壽山先君其次適也生平頂不霸之
氣稟剛方之性中外質直脱暑边幅望而知其為龊之
達士也歷艱險堅強無少挫運沒踐率無隱情平
居慈義何限甚己飢竭至勞費困踣叢悴諷而無所
尤迹其人而求其天者宜何如而徒風霜苦悴挾此
半古也嗚呼痛哉生於宋乙未肯初三日歿於大德庚
于十月二十七夜年六十有六娶藻溪范氏女二人長適泉向清
正公之孫次適玉溪汪杞孫俱先公卒男二人冨為孫男一人
玄孫湶孫女一人讓二孤忍死以大德癸卯十二月卉百己
酉奉柩窆于廣豐鄉馬鞍巔之陽謹告于幽山之神
曰山氣鬱葱蜿蜒來龍羅山為祖朱山為宗坐盦艮
而向坤申環遠四峯卜其宅兆惟尔有神左右
觀此形势福及苗裔子々孫々祀保千秋來拜公墓
母阿禁不祥羞謹記

七十一、元吳氏地券　大德九年（1305）閏五月二十六日

額正書：地券

維大元大德乙巳十一月癸卯／朔越十二日甲寅，孤哀子胡思義／謹昭告于大同源毛壠山之神曰：吾母吳氏生於宋寶慶丁亥／三月初九日，卒於大德癸卯閏五月二十六日。今卜附葬于／七世祖妣陳氏夫人墓側，坐酉辛，／向卯乙，陰陽家曰宜。惟神呵禁／不祥，俾先靈安而後嗣蕃，則春秋／祭祀，神與享之。謹告。

地 券

維

大元大德乙巳十一月癸卯

朔越十二日甲寅孤哀子胡思義

謹昭告于大同源毛瓏山之

神曰吾母吳氏生於宋寶慶丁亥

三月初九日卒於大德癸卯閏五

月二十六日今卜附葬于

七世祖妣陳氏夫人墓側坐酉辛

向卯乙陰陽家曰宜惟神呵禁

不祥俾先靈安而後嗣蕃則春秋

祭祀俾神與享之謹告

七十二、元袁妙静墓誌　大德九年（1305）十一月十七日

額正書：故袁氏墓誌

吾母姓袁氏，諱妙静，世居撫州臨川縣長／安鄉樓撫。曾祖大榮，祖泰，父世華。前宋淳／祐乙巳，帰相吾父。男成孫娶謝，孫男興生、／復生，孫女婍娘、嬛娘。吾母生於宋寶慶乙／酉十月十六日夘，殁於元大德乙巳十一／月初七日辰，享年八十有一。旣殁，得地于／本里上舍祖塋傍，坐壬向丙。以是年十一／月己未日葬。不能求銘當世，姑直書卒葬／年月，以納諸幽。葬前一日，孝男余成孫泣／血謹誌。親末陳庭貴敬書，饒仁山刊。

○

故

袁

氏

墓

誌

吾母姓袁氏諱妙静世居撫州臨川縣長

安鄉樓攎曾祖大榮祖泰父世華前宋淳

祐乙巳歸相吾父男成孫娶謝孫男興生

後生孫女婍娘嬛娘吾母生於宋寶慶乙

酉十月十六日卯没於元大德乙巳十一

月初七日辰享年八十有一既殁得地于

本里上舍祖塋傍坐壬向丙以是年十一

月已未日葬不能求銘當世姑直書卒葬

年月以納諸幽葬前一日孝男余成孫泣

血謹誌　親末陳庭桂敬書　饒仁山刊

七十三、元吳天祐墓誌　大德十年（1306）閏正月二十五日

額篆書：總管吳君墓銘

大元碉門黎雅等處副總管吳君墓碣銘

安西路石匠提領程珪刊。／

承務郎、監察御史、陝西諸道行御史臺都事吳昉撰。／

永昌王府文學完顏守瀹書丹并篆額。／

古之交以道義為重，今之交以勢力為先。勢力之交，不旋踵而如路人；道義之／交，雖子孫猶能繼其好。蓋勢力易盡而道義無窮也。元貞乙未，僕調陝西漢中／道憲幕，因同僚白彥貞得道義之交者，吳君壽之也。大德戊戌，代歸。乙巳，忝綴／行臺，再至關右，壽之亡已三年矣。每以遂不得復見之願為恨焉。其子禮持安／西王府文學薛延年所次行狀請銘，以夙昔道義之契，不宜以狂斐辭。謹按□／壽之諱天祐，髙祖錫，曾祖僅，祖鈞，父珍，母李氏，同州人。馮翊鄧庄，祖以□□／壠在焉。兵後，遷安西永興坊。君知好德，出天性，事親以孝聞。與人交，篤於信，善／君□□□美。雖韜光市隱，而不忘濟物。儲善藥，資生理，每施予貧者用。遂其初／□□。父母喪，哀毀哭泣，人所不堪。啜粥服衰，殯葬祠祀，一如古禮。僕嘗見君齋／□券楮幣之類置之袖中。僕曰：「子不懷之，寧不慮遺？」曰「吾行立坐必端拱，而手／未嘗垂。」由是知君於齋莊恭敬，不須臾離也。昔程普謂與周瑜交，如飲醇醪不／覺自醉。僕謂壽之之德，使人心悅而服，實亦似之。故關輔道善人必以君為稱。／首長河西寧遠宣撫使司監司不作亢道過秦，聞其賢，延以賓禮，辟為雅州稅／使司提領。時居是職者，徃徃務羨餘以邀能聲，君獨不然，唯恐民受剝削之病，／□其值，減其筭。由是貨通人便，歲課亦集。調大備倉提領，出納平，會計當，在筭／□□著廉幹之稱如君者，世之罕有也。雲南省擢遷縣宰，宣撫使不羅罕曰：「始／者司所舉之賢欲以撫寧吾民，今為他境所奪。」表聞，／旨授碉門黎雅等處管民副總管，佩銀符。君治民有方，吏民畏愛。興□利害之／政，方次第行。不幸遘疾，歲癸卯七月廿三卒扵□□□六十有五。僚佐士庶罔／不悼痛。子義自治所嚴道縣跋涉三□餘里，護柩以歸。卜以丙午閏正月廿／五／日，葬於咸寧縣洪固鄉鳳棲原先塋之次，禮也。五男：仁、義、禮、智、信，仁早逝。女／一，適□□張氏。孫男二，女二，皆幼。夫人辛氏克順夫志，婦道母儀無少虧。諸子／皆克□□友媚睦，如父在時，人謂君爲不亡矣。友人

相□吳昉銘曰：／

　　猗歟□□，溫恭忠恕。昔我在秦，傾蓋如故。今我来斯，幽明殊路。／痛梗中懷，□□□□。猗歟壽之，至性天賦。不卑小官，超登大府。／喜君之来，民歌□□。□君之亡，哭聲載路。丹旐旋歸，鳳棲安厝。／□□高原，蒼蒼宰樹。勒銘幽墟，既寧既固。昌爾後人，妥靈垂裕。

七十四、元楊德榮壙誌　　大德十年（1306）七月十四日

額正書四行：先考／楊四／承事／壙誌

公姓楊氏，行四，諱德榮，建昌南城雅俗鄉三十都／裏塔市上人也。曾祖諱珏，祖俊，父敬，母傅氏。兄弟二／人，公居長。性寬見遠，篤於治生。祖母嘗謂：「及冠喪／父，卓然有立，善継前志。增廣產業，家道浸昌。喜□／子讀書，好陪賓客。其超先世遠矣！」娶余氏，生□□／人：長國祥，娶余氏；次國英；幼國讓。女辛娘，壬□□，／適厚坪傅癸秀，越明年卒。公悲哀成疾，至甲辰□／月，終于正寢。嗚呼痛哉！公生於寶祐乙卯七月二／十九日巳時，歿於大德甲辰九月初三日子時，享／年五十。謹以丙午七月十四日，卜地于二十八都／上坪山內而安厝之。孤不肖奉襄，未暇請銘于鄉／之先達，姑述其平生大槩，納諸壙云。／

孤子國英泣血謹誌。

先考楊四承事壙誌

公姓楊氏行四諱德榮建昌南城雅俗鄉三十都
裏塔市上人也魯祖珪祖父敬母傅氏兄第一
人公居長性見寬遠篤於治生祖母嘗謂及冠喜
交卓然有立善繼前志增廣產業家道寖昌喜
子讀書好陪賓客次超先世遠矣娶余氏生
人長國祥娶余氏次國英幼國讓女辛娘壬
適厚坪傳癸秀越明年卒公悲哀京成疾至甲辰
月終于正寢鳴呼痛哉公生於寶祐乙卯七月
十九日巳時歿於大德甲辰九月初三日子時享
年五十謹以丙午七月十四日卜地于二十八都
上坪山內而安厝之孤不肖奉襄未暇請銘于鄉
之先達姑述其平生大槩納諸壙云　孤子
泣血謹誌

七十五、元徐日升壙記　大德十年（1306）十二月十日

額正書三行：故徐／居士／壙記

先君姓徐氏，諱日升，字子髙，世為龍興進賢梅溪人。三世父諱天俊，諱／世榮，諱澄。母羅氏，鄉稱善人。先君質直有守，心乎無為。早間敏，有／志于學，刻厲自奮，期底于成。與時不偶，弗展厥蘊。施於事親□□，／孝友兩盡。姻舊過從，弗俾逢迎。剪韭擷蔬，務盡其懽。教育諸孤，歲／延師友。書聲出林杪，聞者賢之。與時高下，能定能應。暇日樽酒自／娛，寓情鷗砂。犢章聞穹壤之大，風饕雪虐不知也。兒女昏嫁雖未／畢，自謂可以佚老。天不憖遺，一疾不起。烏呼痛哉！時大德丙午三／月丙申也，享年五十一。先君生於寶祐乙卯九月戊戌，娶喻氏，継／宋氏。男三：霆震、霆發、寄孫。女四：適同里夏一雷、李一鶚、胡士珪、文／時俊。歸夏、胡，喻出，夏女先一月卒。李女系周，愛甚己出。孫男一，幼。／是年十二月庚申，奉柩葬于所居南書坐，距家一望。痛惟先君／歷時多艱，酌應良若，敦本務實，植立滋多。不肖孤生不能為養，又／不能有所稱述，謹以歲月著于石藏之幽宮云。孤霆震泣血拜書，／姻末宋廷煥填諱。

故徐
君士
壙記

嘉佳徐氏諱日升字子高世為龍興進賢梅漾三世父諱大□□

世榮曾祖母雍氏歸孫書人先君質五有子無為早歲父詩大□□

孝友兩盡婣睦未槩聞弗賢□□時高下能定能應眩暇雖未□□

娛萬情可以侠老天不整遺一疾不起烏乎痛哉時大德丙午三□

畢目謂可以享年五十一先君生於寶祐乙卯九月戊戌胡喻氏□

月丙申世三娶冦霞發哥孫女回適同堅夏一鶚男一珪文□

萊氏男三月二月庚申奉柩本務賣植立滋多不□□孤生不□□□

時父歸喻出憂女先一月卒女茶周爰甚邑男一養□□□□

是身長胡二月庚申奉柩本務賣植立滋多不□孤生不□□□

不敢有所抒述謹以歲月著于石藏之送宮□□□□

七十六、元張謙墓誌　　大德十一年（1307）八月二十八日

　　大元故奉直大夫、南陽屯田副總管張公墓誌銘／

　　徵事郎、興平縣尹李允升撰。／

　　將仕郎、諸色人匠副總管商庸書丹。／

　　承直郎、随路諸色民匠副總管石孟瑛題蓋。／

　　公諱謙，字受益，世居雲中之天成。因官寓關中，遂占籍焉。五世祖有仕遼為參政者。曾／祖志全，少中大父、良鄉縣令；祖德元，隱德不仕。父諱鼎，號大郎君，娶雲內州轉運使呂／侯之女，公其長子也。幼有夙成之度，眉目秀整，聰惠過人，人皆以奇童目之。弱冠，六經／諸子無不通，扵史學為尤長，論古今成敗如在目前。其族兄為京兆課稅大使，辟為／幕佐。公制科條，定程式，課歲增而民不擾。中統改元，蜀土未平，大軍攻入兩川，供饋頗多。／行省事於關陝，聞其能，辟公充興元等處軍儲規措副使。公通水陸，以便漕運；招商賈，／以中鹽糧。平蜀之役，兵食常豆，公有力焉。四年，／宣授成都漕運副使。是時，益部初定，兵革未息。公綜理有方，道路無壅。寬關市之征，定／鹽茶之額。行之逾年，民不告病，而國用饒足，考績為諸路之最。改授奉直大夫，陞充本／司同知。至元十年，大兵圍困襄樊，大帥劉公宣撫汴梁，辟公為參佐以從行。公建／言：「襄陽，荊楚之門戶。襄陽既下，破竹之勢，迎刃而解。但所患者，糧餉不繼，當為屯田久／駐之基，以豆兵食。」行省遂於唐鄧申預等處為屯所，奏授公以副總管，俾經畫其／事。公創立營屯，按行水利，置陂塘，溝畎澮，相高下，均土田，具器械，畜牛種。加之年穀屢／□，糧餉不絕，民忘其勞矣。宰相姚公賦詩以美其能，上功於／□，不及升用而薨，享年五十有七。夫人何氏澤州士族，有賢行，早卒。生子國綱，字振之，／慷慨尚氣，義樂施与，名卿才大夫多与之游，終於豐儉總庫提舉。女二人：長適故參政／王公之子子華，欽授／宣命，充采石等處茶鹽提舉；次適舅氏同知趙州事何季冶之次子何義。再娶賈氏，雲內等州大帥賈公之女。生子國維，字之／翰，今為御臺察院書吏。國綱娶鄉里士族郜參／謀之孫女，生男曰仁，今為／安西王府掾。女一人，適儀成局提舉劉恭。國維娶廉訪司經歷李士觀之女，生男一人，／女一人，尚幼。常論公在中統、至元之間聲名顯著，三領錢穀，供饋軍儲，皆有政績可紀。／而壽与位而止於斯，可哀也已！其子國維与其孫仁大德丁未八月二十八日，奉公之／柩歸葬于長安縣華林鄉北良村之原。乞文於

余，允升与公有鄉曲之舊，与其子振之／相友愛。不敢以固陋辭，而為之銘。
銘曰：／

家世簪纓，鄉閭所稱。或隱或仕，待君而興。伐蜀之役，／公領漕計。
帶甲百萬，賴公以濟。楚貢不供，襄樊是攻。／營田積穀，兵食以豐。勉其
怠惰，教以耕耨。邦民歌之，／召父杜母。功業甫就，天不假年。我銘公墓，
以永其傳。

七十七、元曾伯勝壙記　大德十一年（1307）十二月五日

額正書五行：元故／曾公／九二／承事／壙記

外舅諱伯勝，姓曾氏，世居臨川長樂之龍源。生平賦／性溫柔，處家勤儉，敬上恤下。待族睦鄰，無不得其歡／心。雖守農桑，而家道猶且不足，遂以長女召應為贅／婿。處及二十年，冰玉甚相得。而梅協力條治田園，完／葺屋宇。天相人謀，粗安居止。滿□老且壽綿長，以報／東床重義。豈謂一疾弗帰，竟成大夢。大德丁未十一／月初十日也，嗚呼痛哉！公生於壬子九月十五日子／時，享春秋五十有六。娶胡氏，生男二人：長必貴，娶／胡氏，女孫大姑；次必達，俤馮未婚。女二人：長召梅應／祥為贅婿，甥孫梅德清、辰弟、召弟，甥孫女靖姑；次女／適同里源潭周思富。喪不可久，以是年十二月丙申／奉柩葬於所居之南胡家窯，坐卯向酉，水遶山環，得／吉卜也。不能求銘於大筆，姑述歲月，以納諸幽云。／

大德丁未十二月丙申日，朞服梅應祥泣拜書。

元故曾公九二承事壙記

小舅諱伯勝姓曾氏世居臨川長樂之龍源生平賦
性溫恭慇懃倫飲止逛下待族睦鄰無不得其歡
心雖守農業而家道稍具不見放長女召應為妻
媚處麼二十年氷玉甚相得而梅協力係治田固完
菩屋宇天相人樂祖安君山蒲辦老目壽綿延以楓
東米重暴壹謝一疾弗歸竟成大貲大德于未十一
月初十日也嗚呼痛哉公生於壬子九月十五日酉
時享春秋王十有六娶胡氏生男二人長必貴娶
胡氏女孫大姑次必定偉湯未婚女二人長召應
祥為贅婿甥孫梅德清長兩昭弟甥孫女靖始次女
適同里源淳同思富喪不可久以是年十二月丙申
奉柩葬於新君之南胡家窠坐邜向酉水遠山環得
吉卜也不能未謚于大筆姑連葬司以納諸幽云
太德丁未十二月丙申日恭服姪應祥泣拜書

七十八、元孫妙真墓記　　至大元年（1308）七月十七日

亡室孫氏孺人墓記 /

孺人姓孫，諱妙真，世居本州金谿縣帰徳鄉人也。/ 祖、父俱隱於苦竹市，為鄉尊，有令譽焉。孺人稟性 / 柔，克勤克儉，待親族以礼，处鄉鄰以和。律己謙恭，/ 治家有法。雞鳴而起，夜分乃寐。績紛女功之事，未 / 嘗暫廢。方期共畢子平之願，以終餘年。夫何一疾 / 弗瘳，竟尔長徃。嗚呼惜哉！余何奈何！男士珍、士貴，/ 婦徐氏。女若璧，適金川許坊許士可；次若鏡，適本 / 鄉福塘李士榮，先孺人四月卒；幼女若鑑，在室。孫 / 男充閭、食牛，孫女冬姑。孺人生於宋淳祐戊申八 / 月二十二日午時，不幸扲大元至大元年七月初 / 二日，以疾終于正寝。以是月癸酉，卜葬于相广坑 / 祖坵之下。襄事逼，不暇求銘。姑述卒葬歲月，納于 / 幽扃。孝夫文應寧謹記。

亡室孫氏壙内墓記

孺人姓孫閨真世居本州金谿縣歸德郷人也

祖父俱隱方苦竹世為郷耆有令譽焉孺人禀性

柔克勤克儉侍親族以足發縝婦以和律己兼恭

治家有法雞鳴而起夜分乃息縝婦女功之率未

嘗暫廢方期共異子平之願奈然徐年失何一疾

將竟尔長徃嗚呼惜哉余何奈何男士珍士貴

婦徐氏女若輩適金川許女士可次為嫗適本

郷福塘李士常洗孺人四月辛幼女若在室孫

男充闇食十孫女冬妁故孺人生於戊祐申人

月二十二日午時不幸於大元至大元年七月初

二日以疾終于正寝以是月癸酉下葬于相广坑

祖塋之下衷事畫不暇求銘姑述遠近樂歲月納于

幽宮孝夫文應軍謹記

七十九、元張氏地券　至大元年（1308）十月二十四日

維大元至大元年歲次戊申十月丙戌朔越二十四日己／酉，撫州路臨川縣招賢鄉招富里西廨上保居孝女阮氏／道娘、足娘、三娘、四娘、五娘，孝壻周士質荨，以所生母張氏／元命癸酉年三月初二日巳時建生，扵戊申年九月十二／日殁故。龜筮叶從，相地惟吉，宜扵本里西廨許家湖為宅／兆安厝。謹用錢九萬九千九百九十九貫文兼五綵信幣／買地一段。東止青龍，西止白虎，南止朱雀，北止玄武。內方／勾陳，分掌四域。丘丞墓伯，謹肅界封。道路將軍，齊整阡陌。／若輒干犯，呵禁。將軍亭長，收付河伯。財地交相分付，修營／安葬，永保無咎。若違此約，地府主吏自當其禍。主人內外／存亡，悉皆安吉。急急如五帝主者女青律令。

維大元至大元年歲次戊申十月丙戌朔越二十四日巳
酉撫州路臨川縣招賢鄉招富里西偏上保居孝女阮氏
道娘呂娘三娘四娘五娘孝婿周士賢等以所生母張氏
元命癸酉年三月初二日巳時建生於戊申年九月十二
日歿故龜筮叶從相地維吉宜於本里西偏許家湖為宅
兆安厝謹用錢九萬九千九百九十九貫文兼五綵信幣
買地一段東止青龍西止白虎南止朱雀北止玄武内方
勾陳分掌四域丘丞墓伯謹素封道路將軍齊整阡陌
若輙干犯阿蒸將軍亭長收付河伯財地交相分付修營
安厝永保無咎若違此約地府主吏自當其禍主人内外
存亡悉皆安吉慈慈如五帝主者女青律令

八十、元胡氏壙記　至大二年（1309）正月十二日

額正書四行：故劉／孺人／胡氏／壙記

胡氏孺人壙記／

孺人胡氏，撫州金谿淡里人，性柔靜聰惎，頗識字書。自其曾大父皆以儒術顯，父／山翁胡聲場屋，諸子中扵孺人尤所鍾愛。以己亥之歲歸于我，奉姑以孝，必出房／闈而甿族。嘗序慶弔之禮，姑命即行。或姻朋來徃，主饋無厭倦意。有子方垂髫，亟／欲延師力誨，期以早成立。先是，姑總家務，後倦于勤，一一諉其責。而孺人瞻視顏／色，每事閱白。勤不至瘁，儉不至嗇。而吾母子得以安怡休息者，皆孺人力也。不幸／今年夏初，忽沾痰氣疾，服藥罔效，日夕轉劇。又不幸病中，母劉氏告亡，孺人驚怖，／號哭奔赴盡哀。顧亦不知疾病之在躰，還家轉加，殂絕扵十月二十日，竟尔長／逝。嗚呼！偕老之願為何如？而姑老在堂，子幼在膝，號嘵之聲所不忍聞。嗚呼痛哉！／天蒼蒼，地茫茫。俾吾早年失此賢助也耶！孺人生至元癸未，卒至大戊申，享年二／十有六，子二人：胡生、震孫。女一人，辰姑。姑陳氏。今以次年正月十二丙申日，葬于／本里艾坊之原，其地坐離向子。謹書其大槩，納諸壙云。夫劉仁壽扐淚書。

八十一、元吳氏壙記　至大四年（1311）十二月十八日

額正書四行：近故／室中／吳氏／壙記

室人出於前淦邑南市之吳，生於宋癸□□／前八月廿二日卯時，以壬戌歸于刘氏。稟性／柔淑，事翁姑以孝，處家事以勤，親外和睦。待／下慈愛，畧无間言，感稱其善。家道昌盛，子孫／蕃行。但夙有痰疾，隨醫遂止。忽於至大三年／九月廿七日，其疾復作，屢更良醫，竟殁大故，／卒于正寝，得年六十有六。生男二人：長仲賢；／次仲荣。女三：長二娘，適吳；次三娘，適陳；季四／娘，納曾。長男婦前聶氏，継刘氏；次男婦杜氏。／孫男四：長文顯，娶丘氏；次韓閞、韓保、温壽、靈／孫。女孫三：長女孫納詹；次斗娘，受王聘；福娘，／外甥曾趙福。息女孫壽娘、義□饒福同諸孤／以至大四年十二月甲申，奉柩安葬于欽風／鄉廿四都地名茶園坑之原。丑山未向，永為／宅兆。姑紀歲月，納諸壙以昭不朽云。至大四／年十二月十捌日，朞服夫刘榮友稽顙謹記。

近故
室中
吳氏
壙記

室人出於前塗邑南市之吳生於宋癸
前□月廿二日卯時父壬氏□婦于劉氏稟□
柔靜事翁姑以孝愛家事以勤親外和睦待
下溫柔暑先間言感報其善家道昌盛子孫
蕃衍但凤有疾疾隨醫隨□□於至大三年
九月廿七日其疾復作慶更良醫竟竝大故
享年二寢得年五十有□生男女長仲賢
次仲柔女三長二娘適莫次三娘適陳季四
娘幼曾長男婦前聶氏繼刱氏次男婦杜氏
孫男四長文顯婆正氏次韓聞韓偶溫壽四
孫女三長二娘適汪次斗嫩王勞福娘
外甥曾趙福息女孫壽娘義育饒福同諸靈
以至大四年十二月甲申莘欗安葵于欽凤
鄉廿四都地名杀園坑之原旦山朱向永焉
宅彪姑紀啟刋納諸壙沁昭不朽云至大四
年十二月末捆日眷眼夫刘榮表稽顙謹記

八十二、元趙泰墓誌　皇慶元年（1312）四月二十日

元故趙君長官墓誌銘 /

承務郎、陝西等處行中書省管勾架閣庫李昶撰。 /

平涼府儒學教授楊雍書。 /

奉原路儒學正文禮愷題蓋。 /

君諱泰，字彥通，姓趙氏，華州渭南人。縣之邨曰豐陰，松 / 梓在焉。君九歲而孤，母鞠之，逮長大，父之名遂不能記。 / 歲時展墓，世次行列灭散漫，不可區別。君每曰：「我死，與 / 吾父必改葬。」皇慶元年三月丁未，以疾終於京地所居之正寢，年六十有七。越四月乙酉，考父妣王氏、伊氏居 / 中，君居昭，長子友仁居穆，𡎺於長安縣華林鄉三爻里， / 從治命也。君娶同郡韋氏，心淵行懿，刁氏俱無恙。子七 / 人：次餘慶、文忠、秉鈞。女一人，適張德用，韋出也。定、搏、久， / 刁出也。孫女一，許嫁矣，未行。家本華之鉅族，業吏以相 / 襲，孝廉平謹飭，仕途駸駸然中而止。君才又以吏見稱， / 嘗為安西、眞定管民長官矣。一旦不樂仕，優游以待老， / 故無震耀于時者。余與惟善同舍，雅獲拜君於坐上，聆 / 其緒論，義理昭灼，使人亹亹而弗厭也。嗚呼！今亡矣！復 / 何可得邪！惟善請曰：「餘慶不天，罹茲酷罰，尚徼福于先 / 人。而吾子不忘夙昔之好，願哀為之詞。」廼序而銘曰： /

維祖維考，靈風颯然。塗車茅馬，考後祖前。安□窀 / 穸，歆我豆籩。子孫踵武，福履其延。勒詞貞石，以識新阡。

元故趙君長官墓誌銘

憲務郎陝西等處行中書省管勾張閭軍李□撰

平涼府儒學教授楊□書

儒學□□題蓋

君諱泰字彥通姓趙氏華州渭南人也父長文
在焉君九歲而列□母鞠之遠長文父姚王氏伊氏父七里
時晨忌墓君次行元散漫不可□別君每戒子
交正衰年六十有七□越四月乙酉孝甫姚王氏俱無子
召父□故壁世皇慶元年三月丁未以疾終於京北□子七
禪在焉君九歲而列□之遠名曰□不能死□□
中君命居也君聚同郡韋氏心淵行懿刃德用韋之鉅族華林
從治餘慶女忠友仁居官心淵行懿刃又出也定搏相久
人次廉平謹飭仕于時者余與儂善一人□本華之又業吏以
也次女許嫁未行家本華獲琴君於堂上齡
故為安西真定管民長官惟善同舍雅獲琴君於堂上齡
其緒無震耀于時昭昭使人□置布帶厭也嗚呼君於堂上齡
論義理昭昭□余□憂不天罹□□罰尚敏今福之堂上矣
嘗□孝廉平謹飭仕遂驟然止紹才優游以待老
刃□出也餘□□□好頎□□□□□□□
人而可得邪惟善□余□度苦之好頎□□茅□
何可得邪維祖維孝靈魂颯然顧□□□□嫗茅焉奉後祖貿
□新阿今欲我□豆逕子孫運□□福厥其逕奉後祖貿
□右以識

八十三、元武敬墓誌　皇慶二年（1313）五月十三日

志蓋隸書四行：皇元敕授／延安路醫／學教授故／武君誌蓋

元故延安路醫學教授武君墓誌銘／

君姓武氏，諱敬，字敬臣，世家京兆之鰲屋，高祖以儒醫鳴。曾祖金／京兆府學教授，官朝列大夫、武騎尉，賜紫金魚袋。祖第進士。父／成和郎、陝西等路醫學提舉，以義榮名其坐「有齒德者」。生三子：孟曰／彬；仲曰恭；君其季也。彬，王邸太醫；恭，蚤没。君從教授慵齋先生學，／勤苦刻勵，能世其家。德業日進，聲聞日烜赤。名彥鉅卿，咸樂與之／友，當路交薦。元貞始元，授安西醫學教授，再調延安，不赴。君以仕／非素志，買田韋曲以歸老。構義榮先生祠，仍樹碑以麗牲，歲時追／遠，必盡其誠。憲使高凝題其顏曰「永思」，京兆尹李頵文其碑。適有／泉出祠側，行臺都司吳昉以孝名詩，人美之。妣夫人有疾，嘗刲臂／以救，其天性仁孝若此。有司方狀其始終上之，而君已臥病矣，終／於皇慶壬子六月廿有六日，壽六十七。從塟咸寧縣洪固鄉之少／陵原朝列府君地次，明年五月壬寅也。元配趙氏，再配吳氏、苟氏，／趙、吳夀亡。子男一，惟德，苟出。女三：嫁張贇、李材、孫驥，材有能詩聲。／塟有日，惟德拜請曰：「先人學於慵齋夫子之席，惟德又師事先生，／先子成和君得慵齋銘其墓。先人今棄館舍，如先生賜之銘，夾地／下之願也。」感今念昔，理不可辭。嘗謂君事親孝，教子義方，與人交／無甘壞。高曾而降，以儒起宗，以醫濟物，以謙恭下士，其武氏之家／範也。故余於教授君文筆、藥石之工之精，略而不書，特著其出處，／俾納諸壙中。高曾祖考，別見元遺山泉大父慵齋君之碑誌。銘曰：／

以道濟物，匪儒則醫。尺短寸長，疇兼有之。世容有之，／一再世止。繇金而元，高曾祖禰。夫君克肖，子宗有輝。／鬱鬱九原，復全其㛚。君既歸矣，孰踵厥武。德其效之，／無忝爾祖。／

平凉府儒學教授楊雍譔并書題蓋。

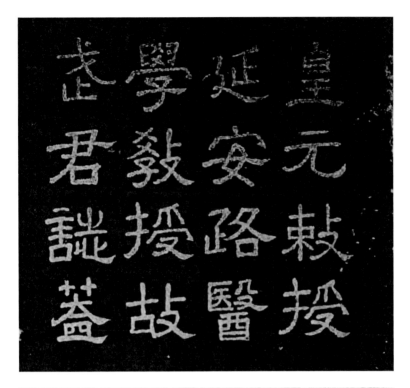

八十四、元饒妙真壙記　皇慶二年（1313）十一月十一日

額正書四行：故母／孺人／饒氏／壙記

亡母孺人饒氏壙記／

吾母姓饒，撫崇仁朱嶺望族人氏也。生平性善，能執／婦道。事公姑孝，撫子孫慈，理家務勤且儉。初居彭澤，／因世殊事異，遂遷于當鄉九十九都之池源居焉。男／三人：長舉孫，娶許，續余；次坊，出為孟氏後；幼祥孫，娶／李氏。女三人：長適東舘王聖涯；次適馬嶺饒季祥；幼適／大原饒國俊。孫男五人：長順孫，娶鍾氏；次遇孫、觀／保、真孫、驢孫。孫女二人：婆女、壽女。吾母男女婚嫁畢，／皆如所願，望晚景優游自得，意謂可延壽。夫何微恙，／竟成長往。嗚呼傷哉！吾母生扵前宋丙申二月拾貳／日寅時，享年七十有四。不幸扵大元己酉十二月二／十九卒。癸丑拾壹月十壹日丁酉，葬于祖壠之傍，即今／之所居之後也。其地南離來龍坐乾作巽，咫尺間耳，／為春秋祭祀便。舉孫不肖，未能丐銘扵大手，書此以／誌生死葬之歲月云。孤哀子吳舉孫、祥孫泣血書。

故母孺人饒氏壙記

亡母孺人饒氏壙記

吾母姓饒撫崇仁朱嶺望族人氏也生平性善能执

婦道事公姑孝撫子孫慈理家務勤且儉初居彭澤為男

因世殊事異遂遷于當鄉九十九都之池源君為男

三人長舉孫娶許續余次坊出為區氏後幼祥孫娶

李氏女三人長適東舘王聖建適馬嶺饒氏邊孫觀

適大原饒國俊孫男五人長順孫娶鍾氏

保真孫驢孫女二人婆女壽安吾母男女婚嫁畢

皆如所願望睆景優游自得意謂可延壽夫何微恙

竟成長往嗚呼傷哉吾母生於前宋丙申二月拾叁

日寅時享年七十有四不幸於大元己酉十二月二

十九卒壹月十叁日丙面葬于祖壟之傍即今

之所居也其地南離来龍坐乾作巽恐尺間耳以

為春秋祭祀便舉孫不肖未能弓銘於大手書此以

誌生妃蕭之歲月云孤哀子景舉孫祥榮泣血書

八十五、元饒妙真墓誌　皇慶二年（1313）十一月十一日

額正書二行：饒氏／墓誌

亡母饒氏妙真世居抚州崇仁穎秀之許／坊，自前丁巳歲帰于我先人。勤儉理家，甚／有次序。不幸我父先卒，而母奉長以理，抚／孤以慈，敬戒如初。生予昆弟姊妹六人。舉／孫、洪孫、祥孫。長女適東舘王泳；次女適馬／嶺饒似琰；幼女適大源饒應彩。舉孫娶／許氏，卒，再娶余氏；洪孫出継城中孟；祥孫／娶李氏。男孫四人：順、遇、珍、宝。女孫壽娘。曾／孫一人，禅孫。順孫娶鍾氏，順孫卒而孫娳／適趙。亡母生於前丙申二月十三寅，卒於／大元至大己酉十二月，享年七十有四。旧／葬地近故居，似不安妥。今卜改葬池源祖／壠之右，坐乾向巽，山水停勻，卜之其吉。取／癸丑十一月丁酉，舉棺窆焉。姑再述歲月，／而納諸幽云。孝男吳舉孫、祥孫謹記。

饒氏
墓誌

亡母饒氏妙真世居忧州崇仁諴香之許
坊自前丁巳歲歸于我先人勤儉理家甚
有次序不幸我父先卒而母奉長必理挽
孤以慈敬戒如初生予昆弟姉妹六人拳
孫洪孫祥孫長女適東館王泳次女適馬
嶺饒似琰幼女適大源饒應彩孫婆
許氏卒再娶遇孫出繼城中孟祥娘
娶饒氏男孫四人順遇珍宝孫壽曾
適李氏男孫娶鍾氏順孫卒而孫道
孫饒似一人禪孫生於前丙二月十二宗卒四囘
大元至大己囘十二月年七十有四囘
適趙母生於前丙二月今年
葬地近故居似不安妥水停勻下段荒之池源祖
壙之右坐乾向巽幽
癸丑十一月丁酉拳棺定焉姑再述歲月
而納諸幽云孝男吳崇祥祥孫諴記

八十六、元徐氏墓記　　延祐四年（1317）正月八日

額正書：徐氏墓記

予妻徐氏同里徐坊人也，生前宋癸丑年十月十七日申時，歿于延祐／丙辰十二月初四日。予妻稟惟淳朴慈柔，治家勤儉，內外親姻，侍奉／各得其理。男女自長而幼，訓導及時，無有先後。中更世俗，艱難／險阻，靡所不涉，婦德僃矣。予妻初適同里鄒德榮，生男一人。越五／年，德榮早逝。比者歲逢更遷，不遑寧處，遂招予以盡巾／櫛之奉。歷一年，復帰舊居，協力內助，耕桑治世，而家道日／肥。至於晚年，甚為目疾所苦。遂發善心，敬結蓮社，持齋二／十余年。疾所苦者，凢三五歲矣，未嘗伸吟惆悵。先娶鄒／氏，生男一人士榮，娶余氏。予續徐氏，生男二人：士华，娶占氏；幼士／噁，娶李氏，未週三十，士噁早逝，生孫男囬孫。長孫子仁，娶龍氏；／次孫子壽，娶鄒氏；壽弟、惠孫俱幼。女孫二人：長女孫出適同里／鄒義孫；次孫細妹尚幼。將以是年正月初八日，奉柩葬于譚／坑之陽，坐癸向丁。告于此山之神曰：山環水遶，永為幽藏。窀穸／有期，弗代丐銘于當世之名者。姑述大槩，以納諸壙云。

徐氏墓記

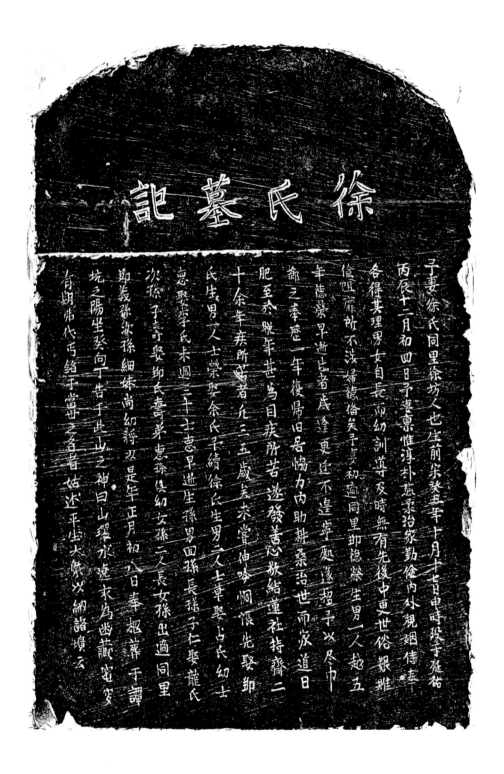

子妻徐氏同里徐坊人也生前宋癸五年十月十七申時殁手延祐

丙辰十二月初四日予妻稟性淳朴慈憂治家勤儉內外規姻傳奉

各得其理男女自長而幼訓導及時無有先後中更世俗艱難

億阻靡所不浹婦德俗矣予矣初適同里即德榮生男一人趙五

年德榮早逝此者感逢更迁不違寧慮遂招予以盡巾

鄉之奉歷一年復歸旧居協力內助耕桑治世而家道日

肥至於癸年甚為目疾所苦遂發善念結連社持齋二

十余年疾所菩著尒三五歲矣未當伸唆惆悵先娶郇

氏生男又士榮予余氏子續徐長生男二人士華娶占長幼士

惠娶李氏未週三十士惠早逝生孫男四孫長孫子仁娶龍氏

次孫予壽娶卯氏壽弟惠孫俱幼女孫二人長女孫出適同里

即義孫次孫細妹尚幼將及是年正月初八日奉叔葬于譚

坑之陽坐癸向丁告于此山之神曰山環水遶束為幽藏密窆

有期弗代亏銘于當世之名者姑述平坐大槪从納諸墳云

八十七、元張大使墓誌　延祐四年（1317）十一月三日

　　河南府録事司住人父張大使字仲賢，思齊孫，／故翁翁張之綱長男。延祐四年二月十一日，年六十四歲，／於澧州余市因病捐舘。將來昭穆，葬在洛陽／邙山之陽故祖翁翁張知事墳之東南。其父張／大使娶妻陳氏，有子二人：長曰関保；次曰喜孫。／女一人爛哥，已適楊茂卿。又兄関保娶妻楊氏，／淂子一人，小名普庵保。俻細墓誌已在翁翁張／知事墳內，只此為記。／

　　大元延祐四年歲次丁巳十一月初三日，男喜孫謹誌。

八十八、元黃八七承事墓記   延祐七年（1320）十二月二十二日

額正書：故黃八七承事墓記

吾父世居撫之臨川新豐梅洲下巷，祖諱霖。吾／父為性淳朴，處閭里仁，待族姻和，勤儉成家，／內外咸无間言。取曾氏，在父先四十年卒，再／取張氏，亦先卒。曾氏生男子具，取康氏。生孫／必達，未冠。女孫榮娘，適大嶺陳時友；次净娘，／未笄，在室。父生扵宋淳祐庚子八月初四，享／年八十有一。不幸於延祐庚申臘月丙寅一／疾弗起，嗚呼痛哉！子具何怙也。父在日，卜立／生基于本鄉百六都地名蛟坑，背壬子面丙／午。是月壬申吉日，奉柩安厝。其地山環水邃，／地灵安妥，山神擁護。福蔭子孫，振振蕃衍。葬／逼，不敢丐銘于當世名筆。姑記歲月，以納諸／幽云。葬前二日，孤哀子黃子具泣血記。／

親末逸民張撝塡諱。

故黃八七承事墓記

吾父世居撫之臨川新豊梅洲下祖諱森吾
父爲性淳朴㢮開里仁待族姻和勤儉成家
内外咸无間言取曾氏在父先卒四十年平再
取張氏亦先卒曾氏生男子吳取康氏生孫
必達未冠女孫榮娘適大嶺陳時友次爭四字
未荒在室父生於宋淳祐庚申臘月初四字
年八十有一不幸於延祐庚申脂月丙寅卩
疾衆起鳴呼痛哉子吳何怙也父在日卜面立
生基于本鄉吉日奉柩安厝其山山環水遶
地灵安妥山神擁護福蔭子孫振振蕃衍納諸
午是月士申吉日奉柩百六都地各層孫振振葊衍
逼不敢于茔前二日孤子黄子吳泣血稽顙

幽玄　親末逃民哀　子張搗沔填諱

八十九、元廖氏墓記　至治二年（1322）九月二十二日

額正書四行：先妣／廖氏／太君／墓記

太君姓廖，生於撫州臨川縣安寧鄉五十八都貴塘人氏，事本鄉五十九／都同湖艾世臣。太君存昔，惟性寬柔，敬親睦鄰，家道晚昃，壽年百省。夫天／遐壽，長幼子逝。夫婦正欲榮華，夫世臣不幸亡宋甲戌早逝。生男三人：長／日新，娶李氏；次男出継；三男日成，娶李氏。太君後再續夫付有明，生男一／人日秀，父子相継以亡。有男二人，長日新亦先逝。日新、日成生男孫親續：／子顯、子清、子明、子旺、瘦俚。孫媳婦高氏、高氏、劉氏、廖氏。延孫：妹俚、関俚、黑／俚、臭俚、酉俚、禄俚、孝俚、禄妹、獅俚。女延孫：妹俚、辛姑、鳳俚。太君生女一人／艾氏，事本都荷塘周德榮。太君生於前宋紹與六年癸巳五月初八夜戌／時受生，享年九十歲。不幸扵至治壬戌年九月初六日一疾不起，嗚呼痛／哉！就撿年庚，通利於當年九月二十二丙辰日，葬于本都地名焊塘山祖塚／之傍。其地坐癸向丁，卜其擇兆而安厝之。風水朝迎，龍虎糸隨。奉柩安葬，／納諸幽壙云耳。至治壬戌年九月二十二日，孤哀子艾日成苷泣血謹書。

先妣廖氏太君墓記

太君姓廖生於撫州臨川縣安亭鄉五十八都貴塘人民事本鄉五十九

都同湖艾世臣太君存昔惟性寬柔敬親睦鄰家道晚景壽年百省夫夭

還彩時民幼子逝矢婦正欲榮華世臣不幸亡宋甲戌早逝生男三人長

日新娶李氏次男出繼三男日成娶李氏太君後再續夫付有明生男一

人曰秀父子相繼以亡有男二人長曰新亦先逝日新日成孫親續

子顯于清子莊瘦俚孫媳婦高氏高氏劉氏廖氏延孫妹俚一女一

俚奠俚昌俚祿俚孝俚祿妹太君生於前宋紹興六年癸巳五月初八夜氏

父艾事本都荷塘周德蒙太君生於當年九月二十二日丙辰日葬于本都地名墥塘山祖塚

時受生享年九十歲不幸於至治壬戌年九月初六日一疾不起嗚呼痛

哉詫掄年庚通利於當年九月二十二日丙辰日葬于本都地名墥塘山祖塚

之傍其地坐癸向丁卜其擇兆而安厝之風水朝迎龍亮榮隨不柩安葬

紳詰幽墳云耳至治壬戌年九月二十二日孤哀子艾日成等泣血謹書

九十、元徐氏壙記　泰定四年（1327）十月二十六日

先妣徐氏孺人壙記／

先妣世居臨川長寧之稠源，歸相吾父。生男二人：長／文仲，早世；次継宗，娶徐氏。女二人：長適城內熊／文信；次適小株羅元，早亡。孫男二人：長德新，娶宋／氏；次男得仁，初娶龔氏，継娶謝氏。孫女二人：長／適金谿十五都吳余孫；次在室。曾孫二人：長女／孫丙姑；次男孫慶壽。吾母生於宋咸淳乙巳七月／二十四日，卒於至元戊子三月初五日。烏呼痛哉！葬／于稠源黃家園。涓卜泰定丁卯十月二十六日庚申，改迁／于舊居之後。其地坐亥向巳，奉柩安厝，從卜吉也。／

今月日，孤哀子泣血書。

先妣徐氏孺人壙記

先妣世居臨川長寧之桐源歸相吾父生男一人長

父仲早世世次繼宗娶徐氏女二人長適城內熊

文信次適小株羅元旦亡孫男二人長德新聚

氏次男刀得仁初娶龔氏繼娶謝氏孫女二人長

適金谿十五都吳余孫次在室曾孫二人長女

孫丙姑次男孫慶壽五口母生於宋咸淳乙巳七月

二十四日辛於至元戊辰三月初五日烏呼痛哉葬

于舊居之後其地坐亥向巳奉柩安厝從卜吉也

今月

日孤哀子淳□　書

九十一、元黃氏墓誌　至順四年（1333）二月十五日

額正書三行：黃氏／孺人／墓誌

先妣黃氏孺人世居撫金西源，曾、祖、父匿名不／仕。嘗記我母謂言，笄年歸相予父。事公姑孝勤，／立性寬慈，家務咸綜無違。不料先君先逝，孀居／絲枲，家道日裕。撫育諸孤，男女事畢。逮晚年方／優，親隣咸稱仁壽。豈期氣疾微恙，天不憖遺，不／幸於癸酉年正旦昧爽，奄尔棄世，嗚呼痛哉！生／於咸淳乙丑二月初五日辰時，享壽六十有八。／男二：景瑞，娶蔡；景茂，娶鄭。女一，寅姑，妻危從龍。／孫男一，昭孫，娶蔡。孫女二：丙姑、佛姑。涓是年二／月十五日己酉上吉，奉柩莚於里近塘邊祖壠。／乹山行龍，坐亥向巳，水帰卯，從吉卜也。不能求／銘達者，姑述大槩云。孝男胡景瑞泣血書。

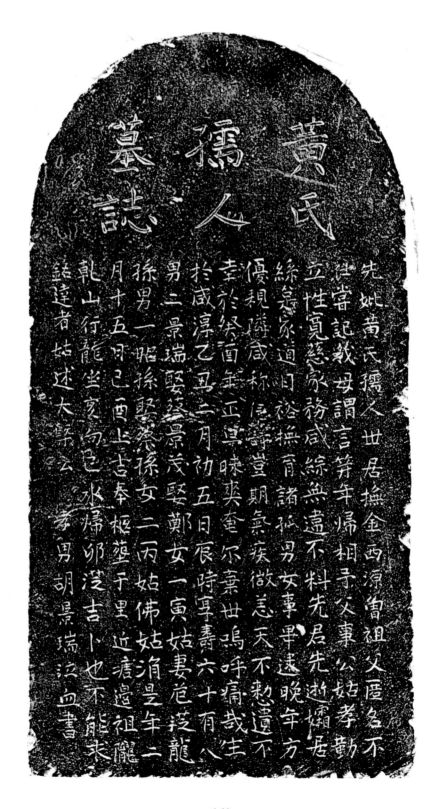

黃氏孺人墓誌

先姚黃氏孺人世居撫金西源魯祖父匱名不
往審起戟母謂言笄年歸予父公姑孝勤
立性寬慈家務咸綜無遺先君逝爛居年方
絲是家道日裕撫肩諸男女事畢遠晚遺不
優視隣咸稱伝靜豈期氣疾天不憖遺人生
幸於梁面無正旦昧爽奄爾棄世鳴呼痛哉生
於咸淳乙丑二月初五日辰時享壽六十有八
男二景茂娶鄭女一寅姑妻范茇龍
孫男一照娶蔡孫女二兩姑佛洎是年二
月十五日己酉卜吉奉柩蓥于里近唐邊祖壟
亂山行龍坐亥向邑水歸卯浚吉卜也不能求
銘達者姑述大槩公　孝男胡景瑞泣血書

九十二、元桂如霖壙記　元統二年（1334）九月二十一日

額篆書四行：故傅／孺人／桂氏／壙記

　　孺人姓桂氏，諱如霖。父字德璋，母黃氏，家世居長樂五十二都之小嶺。／自早年歸于我先君季亨，有我諸孤。其幼鞠養淂宜，其長教訓有／方。其壯也，則婚嫁各淂其時。我先君衿懷飄洒，不屑世事。嗜山水，／精青囊术，善医药，淂肘後方。或陟嶺探源，或理病訪故，至忘歸者／累日。吾母綜理家務，巨細必整。新屋廬，治田園，植産業，各有條不／紊。所以相吾先君者，咸盡其道。嫁娶畢，不肖子以父母俱存，／菽水致養，歷年柳多，方以千載為期。豈料至順壬申秋，先君棄我。是冬，／營葬畢。越明年，至順癸酉歲正月五日，吾母亦一疾弗起，嗚呼痛哉！／生扵宋景定乙丑四月三日，享年六十有九。男三：文隆，娶桂氏；文彪，娶桂／氏；文煥，娶李氏，卒，復娶盧氏。女二：寅娘，適明賢劉德敬；淋眞，適魏亭宋義甫。／孫男四：祐孫、華保、華弟、元孫。又女三：元姑、玄生、華妹。扵元統甲戌／歲九月二十一日丙午淂吉卜，奉柩葬于明賢鄉四十五都之白石岡。／坐巳向亥，從先君之治命也。不能丐銘當世，謹刻石納幽，紀歲月／焉。孤哀子文隆等泣血謹書。姻末李希净填諱。

故傳
孺人
傅氏
媛歌

孺人姓桂氏諱如霖父字德璋母黃氏家世居長樂五十二都之小嶺

自幼年歸于我先君李身有我諸孤其幼鞠養得宜其長教訓有

方其弟也則婚嫁各得其時我先君衿懷飄洒不屑世事嘗山水

精青囊術善醫置藥浮肘後方或陟巔探源或理病訪故至忘歸者

累日吾母綜理家務日細必整新屋廬治田園植產業各有條不

翁師以相吾先君者咸盡其道嫁娶甲不肖子以父母俱存歎水

致養歷年柳多方以十歲為期豈料至順壬申秋先君棄我是冬

營葬甲越明年至順癸酉歲正月五日吾母亦一疾弗起嗚呼涌教

生於宋景定乙丑四月三日享年六十有九男三文隆娶聖桂

氏孊聖李氏女渡聖盧氏女二 適明賢劉德敬 適魏尊宋義甫

孫男四祐孫華保華第 元孫文女三元媋玄生華妹於元統甲戌

歲九月二十一日丙午得吉卜奉柩葬于明賢卯四十五都之白石崗

坐巳向亥泣先君之治命也不能丐銘當世謹刻石納幽扩歲月

為孤袁子文蕃等泣血謹書

姻末李希淨填諱

九十三、元劉應祥壙記　元統三年（1335）十二月十二日

劉公孟四宣義記

乙亥元統三年十二月日立。／

公諱應祥，父十乙朝奉，妣黃，世居新丰和岺李源之族。生平立性／耿介，处事公忠，謹身節用，丰儉随家。公生中統壬戌閏九月□□／亥，娶雷，男二：必清不幸早卋，娶徐；必㠯娶陳。女辰娘適□□□□／卿；菊娘適三陂黃和仲；満娘過房于叔，適㢟源吳允中。□□□□／卋；仲玉娶王；貴玉娶陸；壽玉娶熊；三孫、四孫。女孫秀娘適孤川熊；／壽娘、壽妹。曾孫男孝孫、丑姑、太孫。子孫蟄兮，意謂壽㝏松椿。夫何七十／三年幻泡，不幸於乙亥元統三年二月十八，一疾弗痊大故，嗚呼／哀哉痛哉！公生立壽基于住近禾岺坑，其地龍虎蟠旋，水山拱顧。／遂涓是年十二月十二庚申，克終大事。尚賴乾坤之德，川后／之休，安妥亡灵，吉臻後世。必㠯㝏泣血銘鐫，納諸幽局，謹記。／

孤子劉必㠯、承重孫仲玉泣血書。

劉公孟四宣義記

公諱應祥父十乙朝奉姚世居新坔和岺李源之後生平立
耿介处事公志謹身即用年俊随㞳公生中統士戌閏九月
亥娶雷男二必清不幸早世娶徐必㞳娶陳去辰娘過
卿菊娘過三陂黄和仲蔣娘過旁于叔通㦱源吴允中
世仲庄娶王貴玉聖陸壽玉娶熊三孫四孫女孫奋娘通孤川煎
壽娘壽妹曾孫男孝孫匃姑子孫蚤亏意謂壽菁雅椿夫何七十
三年幻泡不寿於乙亥元綂三年二月十八一疾弗瘥大故嗚呼
哀哉痛哉公生立壽墓于住近永岺坑其地龍虎蟠旋水山拱顧乾坤之德川后
遂洎是年十二月十二庚眿克終大事南頼
之休安委之灵吉臻後世苼苼葊涎血銘鑴納詰迷高謹記
孤子劉必㒾承重孫仲玉泣血書

九十四、元艾淑真壙記　後至元二年（1336）十二月二十四日

額正書三行：故艾／孺人／壙記

先妣姓艾，諱淑真，生扵丁巳年九月十九日夘時，世居□／州礼洞，外翁號継塘。甲戌年間，憑媒適弊邑進賢梓溪□／夏希範，歸家二年。先妣生有異質，勤務桑麻，上能□□□／能克家，春風俎豆，妯娌怡集，歡如也。閭里稱其德，蓋出扵／天性如此。重念哀子乳名臺觀，生扵丙子年九月二十五／日申時。滿期撫育以昌後，未豈料丙子冬命逆時乖，竟失／所恃深切。襁褓中一月間，母子分別，永隔千秋，生死殊途。／伶仃哀苦，惟頼祖父母以養生成。所恨童蒙，未能碎身／奉報。謹按目連啓教救拔之源，特持齋素，拜礼／經塔，表懺圓成，用荅前恩，早超樂国。嗚呼痛哉！遂召／地理人陳国祥，迁地于龍樹源山之北，坐离向癸。龍廻虎／抱，水遶山環，地靈人傑。卜以丙子年十二月二十四丙申安／葬，從吉兆已。不能丐銘當代，以昭不朽。姑述平生大槩，記／歲月，納諸幽宮。後之見者，尚憐之哉。／

哀子夏臺觀泣血拜書，姻契生雷明翁填諱。

故艾　孺人　壙記

先姓艾諱淑真生於丁巳年九月十九日邲特州礼洞外翁鞞璥塘甲成年間憑媒適邲邑迸縣岑學遂及

州礼洞外翁鞞璥塘二年先妣範歸家姐豆姐媒怡集有歡如也閡里鈔其遺出北

夏希範歸家姐豆姐媒怡集有歡如也閡里鈔其遺出北竟庚

熊克家春風姐念袁子亂名臺觀兩子隔永千秋生死殊途竟庚

天性深如此重念俯育中一月間母以養生子多別恨童歿未能辭身奉

日恃切惟賴祖父母以養生子多別恨童歿未能辭身奉

所行哀苦惟賴祖父母教救技之源特恃齋素拜亂

伶行謹按哀苦惟賴祖父母教救技之源特恃齋素拜亂

報謹按哀超前思章超樂國鳴呼廉龍延庸

經塔表懺圓成用苔前思章超樂國鳴呼廉龍延庸

地理人陳國科近地于龍樹源山之北坐高向美龍延庸安

抱水遠山壞地靈人俗以丙子年十二月二十四申安

葦逆吉兆已不能弓銘寧代以昭不朽姑述平生大紫記

歲月納諸出高後之見者尚憐之戒

姻契生雷明輝書謀

九十五、元韓允直墓誌　後至元三年（1337）五月二十日

大元故亞中大夫、僉海北廣東道肅正廉訪司事韓公墓誌銘／

登仕郎、前河中府知事趙允迪撰。

河南後進張順中書并篆盖。／

韓氏世為大名內黃人，曾祖避金亂，圖永宗祀，誠六子逃難各異方。祖用承訓，／南於洛謝世。考仲孤弱，成家不仕終。以公貴，贈承務郎、南陽府判官。姚劉氏，贈／恭人。有子四人，公為仲，諱允直，字彥才。甫十歲，善弈，老手畏與敵。外大夫奇之，／俾就學，所業右倫輩。河南行省辟教官，諭儒於河南司錄。調襄陽路學正，廟田／梗於豪，公請除所司，往正封洫。值暴水壞梁，人馬俱溺，賴善游者出之。秩滿計／入，選擢中書禮部。時上執政，責屬吏甚嚴。公清貧克慎，眠食公所，祗敬之。繇是／清要名公飛章交薦，聞達烏府，補掾江南諸道行御史臺。未幾，中臺羅致幕下。／僅考授承務郎、山南江北道廉訪經歷，改嶺北湖南，繼拜南臺監察御史。九憲／綱疎密，知無不言，言無不盡。惟不務苛刻，尚寬簡，連署服其老成，以徹／宸聽，謂得御史體。除江東僉憲官，以奉議大夫到任。未久，上章乞老，朝議弗／允，進亞中大夫，復前職，移海北廣東道，省風歷屬郡，涉險艱，冒炎瘴，是用得疾。／春秋六十有七，以至元二年丙子冬十月二十八日卒于官所。其孤思孝等護／喪行水陸八千餘里抵洛，安厝於邙山先塋之側，以先逝郡夫人曹氏祔，禮也。／初曹氏之歸，事舅姑以孝，撫稺幼也慈，治家尚乎儉。成公終始，內助為多。所出子／男三人：孟曰思孝，娶劉氏；仲曰思恭，娶師氏；季曰思道，娶趙氏。女四人：長適江／淛財賦經歷郭抑，次適張時泰，三適姬允善，皆食祿者也；四適江寧縣尹南英。／男孫二，女孫六，尚幼。擇以再歲丁丑五月二十日舉葬事，及期，思孝等衽繚泣／拜曰：「我先君孤立無援者，至於讀書起家。歷仕臺閣，階三品，佩金紫，可謂難矣。／墓無誌可乎！敢請。」懿吾與公心契也，理不可辭，謹摭實而誌之。仍系之銘，銘曰：／

君子之道，闇然而日彰；小人之道，的然而日亾。夫子之文章，衣錦衣褧裳。開／我門廡，修彼郡庠。有鸑來翔，嚙鵾於堂。所以兆鄉大夫之服之象，則先生自／此其外，且揚禮闈署，郎不能展其所長。臺糸雁行，乘軒之志昂昂。所以泛紅／蓮于綠水，發泥淤不染之幽香。攉持簡霜，矯矯厃厃。攬轡之滂，埋輪之綱。改／秀衣持斧而去，僉憲於江東與建康，乞歸老於洛陽。晚郎兮彌

昌，耆艾兮敦／厖。足以藹祖宗之餘芳，啓宸心之不沃，佳選入廣海之方。僕馬相將，趨／炎荒。熱鑠濕蒸，疾感膏肓，是以折其棟樑。諸孤護喪，歸葬北邙。鬱佳城兮，壽／其藏。勒銘詩兮，發幽兮。於子孫兮，示不忘。

九十六、元章福一郎地券　後至元四年（1338）十月十四日

額正書：地券

維至元四年歲次戊寅十月辛卯朔越十八戊申日，／據撫州路臨川縣臨汝二都訓義里良江中保居住孝男／章必海、必廣，孝女章氏一娘、細姑、净姑，婿蔡必先，伏為亡／父章福一郎元命甲午年十一月二十日未時受生，不幸扵十月十／四日身故。今用楮錢三伯貫置到山地一段，坐落本都土名賀／家山內，坐乾向巳巽。山源朝接，吉水廻環。東止甲乙，南止丙丁，西止／庚辛，北止壬癸。上止青天，下止黃泉，中止亡人萬年墓宅。毋得下界／邪精魍魎爭占，如有違犯，准依／太上女青條律施行。

地　券

維 至元四年歲次戊寅十月辛卯朔越十八戊申日
撫州路臨川縣臨汝二都訓義里良江中保居住孝男
章必海必廣孝女章氏一娘佃姑淨姑婿蔡必先伏為亡
父章福一即元命甲午年十月二十日未時受生不幸於十月十
四日身故今用楮錢三伯貫置到山地一叚坐落本都土名賀
家山內坐乾向巽山源朝接吉水廻環東止甲乙南止丙丁西止
庚辛北止壬癸上止青天下止黃泉中止亡人萬年姜宅母得下界
卯精魍魎爭占如有違犯准依
太上女青條律施行

九十七、元史氏壙記　至正四年（1344）十二月三十日

額正書三行：史氏／孺人／壙記

亡室史氏孺人，春湖先生次女也。遡流至／梧州府君，四代矣。曾大父桐，大父湲，父貴／良，春湖，號也。孺人生宋甲申正月初五，夙／有懿德。及笄，歸于我。治家事長，晶夫教子，／無不盡禮。正期偕老，不幸元至正甲申九／月十九日，遽以微痾奄棄塵世。嗚呼痛哉！／享年六十有一。子男一，愈盛，婦祝氏。女四：／長適吳塘吳；次適艾；次適蔡湾陳；晚姑幻。／孫男一，愷悌。孫女二：海姑、慶姑。以是年十／二月卅日乙酉，奉柩葖里之松行祖居／之后，坐癸向丁未，從吉卜也。不能丐銘，姑／紀歲月，以納諸幽。期服張子華抆淚拜書。

史氏
孺人
壙記

室史氏孺人春湖
梧州府君四代矣曾太
人闻大文淺父貴
君眷湖號也孺人生宋四
有懿德及笄歸于我治家筆長昴夫教子
户春湖號也孺人生宋四申正日初五凤
无不盅禮正期偕老不幸元至正四
月十九日遠以微疴奄棄塵世嗚呼痛哉四
享年六十有一寸丐一念盛婦祝祔女四
長適吳塘吳次適芰次適蔡灣陳晚姑幼
孫男一愷悌孫女二海姑慶姑以是年十
二月卅日乙酉奉姬塋于里之松行祖昼
之石坐癸向丁未從吉卜匕不能㠯銘姑
紀歲月以納諸幽期服張子單拔淚拜書

九十八、元劉氏壙記　至正九年（1349）六月二十三日

額正書四行：先妣／孺人／劉氏／壙記

孺人姓刘，墨莊之後，居淦之丹溪，析扵登賢之金□，乃望族也。／生扵大德四年庚子七月二十二日巳時，及笄，相吾父。遵婦道，／事翁姑以孝，处宗族以和。勤劳機杼，周急鄉隣。吾父字德仁，遊／江湖，歷廣閩越蜀，生財有道。吾母主中饋，家道日昌。刱居置産，／訓子延師，四德俱全，人無不羨。而吾曾祖忠□□年八十有七，／吾祖及榮及祖母李氏，人各六旬之上，处高坐而自淂，吾母奉／養，珎鮮日至，重親怡悦。男行年十有一歳，聘本里龍溪李氏。女／一娘，妻同坊陳務正。詩礼之□□□□遊，玉润氷清，資財日阜。／甥男一寅閑，聘園下李。甥女一□□□□□至□期扵至正戊／子小春，沾疾，福藥□灵，竟致大故。扵十月二六日寅時，終于正／寝，淂年四十有九。嗚呼痛哉！□□成立，有父亲可恃。吾母九／京之下，必無憾焉！今取是歳己丑至正九年六月二十三／良吉，奉柩葬于東坑山之原，坐辛向乙，以為宅兆。灵其妥之，澤／流百丗，俾昌而熾。男刏，未能丐銘，以表孺人之德。姑摭其实，納／諸幽壙云。／

至正九年己丑歳六月日，哀子楊□□泣血謹記。

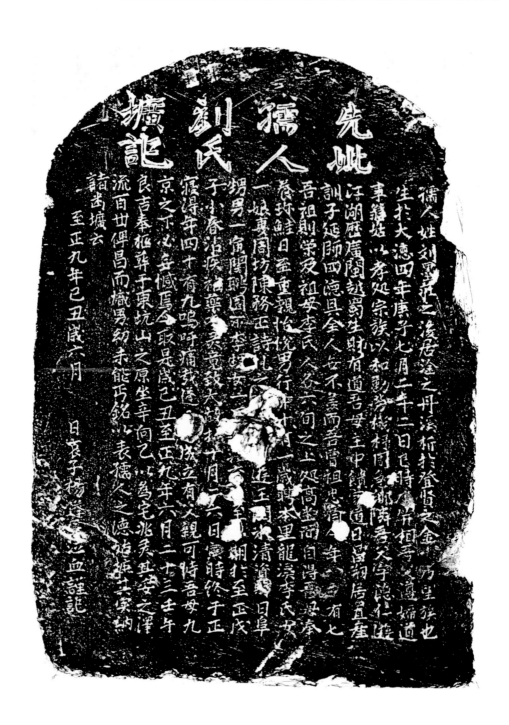

九十九、元黃淋靈地券 至正十一年（1351）九月十四日

惟大元至正十一年太歲辛夘九月初一丁未朔越／十四日庚申，江西道撫州路臨川縣招賢鄉十五都／白𫶜窯上市居孤哀子胡景伯、仲祥、德祥，女胡氏，媳／媍王氏、饒氏，孫男閑馿、驢弟、閑狗，孫女賤娘、奴娘、招／娘、丑娘、王女、妹俚，孫媍鄧氏，玄孫男珤，壻陳德明。伏／為先妣黃氏太君淋靈元命，前庚辰年七月初四日／辰時受生，享春秋七十有二，不幸於辛夘年八月十／七日戌時逝丗。言念奉養之心莫盡，送終之礼敢忘。／是月廼日，惟吉之從，奉柩安厝于本里劉坊山之陽。／謹昭告于本山后土之神：卜此佳城，實維我土。龜從／筮從，克葬吾母。坐癸向丁，左龍右虎。咨爾有靈，為吾／守護。安我尊靈，昌我後嗣。子子孫孫，敢忘祭祀。／山蒼蒼兮水泱泱，佳城鬱兮于屯藏。／鬼神守護兮呵禁不祥，黿其妥兮後／嗣其昌。

孤哀子胡景伯荨泣血書。

維大元至正廿十一年歲辛卯九月初一丁未洲越
十四日夜申江西道撫州路臨川縣招賢鄉十五都
白儒寓十市居孤哀子胡景伯仲祥德祥女胡氏媳
頃王氏饒氏孫男閩駟驢弟閩狗狗孫女酰婆奴娘招
娘田娘王女妹俚孫頌卸氏玄孫男珏娘奴娘伏
為先妣黃氏太君淋靈元命前庚辰年七月初四日
辰時受生享春秋七十有二不幸於辛卯年八月十
七日戌時逝世言念奉養之心莫盡送終之礼敢忘
是月延日惟吉之後奉柩安厝于本里劇坊山之陽從
謹昭告于本山后土之神卜此佳城實維我土亟從
塋柩瓦甓為安坐癸向丁左龍右虎咨爾有靈為吾
守護安我尊靈昌我後嗣子孫誋敢忘祭祀
山蒼蒼兮水決決洪佳城鬱兮予定藏
思神守護兮呵禁不祥崇其安兮後
嗣其昌孤哀子胡景伯等泣血書

一〇〇、元江應齡壙記

額正書四行：江公／福三／承事／壙記

江公福三承事，撫金谿黃港人。祖諱慶，／父諱明。公生扵前庚午五月廿七日申時。／為人純謹朴实，惟務生理，家道日裕。未嘗／忤扵人，故鄉鄰親戚和藹如也。男一女一孫／一，曾孫太孫。娶郭氏。妻□氏生前甲戌／四月，卒扵後甲戌十一月，先葬扵里之／小水原，其地坐庚向甲。公扵年／月日，今擬同穴焉。謹摭歲月，納諸／壙云。日，江應齡自誌。

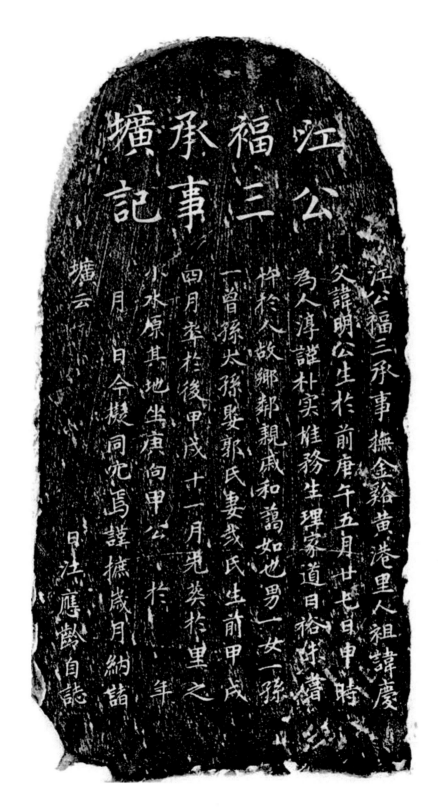

參考文獻

1. 郭茂育、劉繼保編著：《宋代墓誌輯釋》，中州古籍出版社，2016 年。

2. 紹興市檔案局（館）、會稽金石博物館編：《宋代墓誌》，西泠印社出版社，2018 年。

3. 何新所編著：《新出宋代墓誌碑刻輯録》（北宋卷），文物出版社，2019 年。

4. 何新所編著：《新出宋代墓誌碑刻輯録》（南宋卷），文物出版社，2020 年。

5. 何新所編著：《新出宋代墓誌碑刻輯録》（地券卷），文物出版社，2021 年。

6. 周峰編：《貞珉千秋——散佚遼宋金元墓誌輯録》，甘肅教育出版社，2020 年。

7. 周峰編：《散見宋金元墓誌地券輯録》，花木蘭文化事業有限公司，2021 年。

8. 周峰編：《散見宋金元墓誌地券輯録二編》，花木蘭文化事業有限公司，2021 年。

9. 周峰編：《散見宋金元墓誌地券輯録三編》，花木蘭文化事業有限公司，2022 年。

10. 周峰編：《散見宋金元墓誌地券輯録四編》，花木蘭文化事業有限公司，2022 年。

.